こころの薬箱

大谷徹奘
薬師寺執事

こころの薬箱

―目次―

【第1章】その悲しみと向き合って

【第2章】こころに効くこの一言

第1章

その悲しみと向き合って

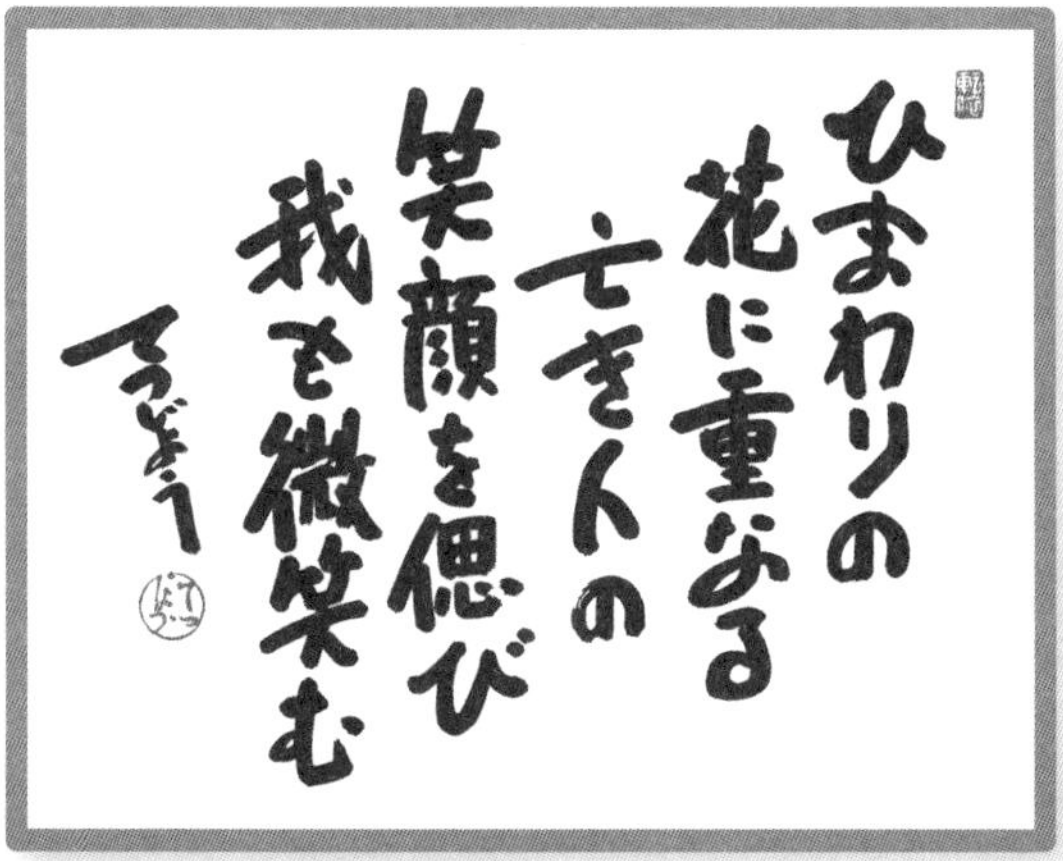
ひまわりの
花に重なる
亡き人の
笑顔を偲び
我も微笑む
てつよう

花の目じるし

「お盆になったら、母ちゃん（奥さん）や子供たちが帰って来た時に、迷っちゃいけないから、目じるしにヒマワリの花を育てているんです」。

そう私に語ってくれたのは、東日本大震災によって、家族で力を合わせ建てた家・財産のすべてを流されただけでなく、最愛の妻、大切な息子夫婦、可愛くてたまらなかった孫の四人を一度に亡くすという、まさに地獄の苦しみと、受け入れきれない悲しみの中にあって、必死に生き抜こうとしておられるSさんの言葉です。

街がそのまま無くなってしまった

大地震で発生した津波によって、Sさんの住む街は、まさに街が一つそのまま無くなってしまったといっても過言ではない程の壊滅状態になりました。私が最初にその街を訪ねたのは震災からしばらくたってからでした。それでも解体撤去が進まず壊れたままの家も多く、街のいたる所に瓦礫《がれき》の山が築き上げられていました。その場景はとてもこの世のものとは思えず、もし仏さまの教えを頂戴していなかったならば、きっとその惨事を受け入れきれなかっただろうと、握りしめていた数珠《じゅず》が汗まみれになっていました。

被害を受けなかった地域から復興支援に入っておられたご僧侶の案内を受けている時に「私が若い頃お世話になっていたお寺が近くにあります。そのお寺も津波で大きな被害が出て、今はプレハブの仮本堂になっていますが、是非お参りして下さい」という言葉に導かれ、急遽《きゅうきょ》Sさんと出会うこととなったお寺をお訪ねしました。

お寺につくと仮本堂の横に設置された仮設トイレを熱心に掃除していた男性が、顔をあげ、合掌して迎え入れて下さいました。本堂での読経を勤め終え、振り向くとそこには先ほどの男性が目に涙をためて立っていました。それがSさんです。

Sさんの第一声は「妻と息子夫婦と唯一の孫。みんな亡くなってしまいました」でした。その言葉と共に涙は嗚咽《おえつ》へとかわり、誰にぶつけてよいかわからぬ思いを、僧侶である私にぶつけてこられました。

話をお聞きすると被災から数日後、Ｓさんのご家族四人のご遺体は発見され、納骨も済まされたそうですが、そのご遺体との対面の話を聞かせて頂いているだけで、私は体が震え、涙することを耐えきれませんでした。

多分Ｓさんは、大切な家族から引き裂かれ一人ぼっちになってしまったその悲しみを埋める為に、少しでも家族の近くに居たいという思いから、時間の許す限り寺で過ごしていたのだと思います。お寺やお墓という場所がＳさんの心のよりどころになっていたのです。

家族四人を失って

私は「お墓でご供養《くよう》のお経を勤めさせて頂きたい」とお願いをし、高台にあったので難を免れた墓所に向かうと、そこには真新しいお塔婆が四本、寄り添うように立てられていました。

墓前に額《ぬか》ずき、読経するも、隣に座ったSさんの震える合掌の手を見ただけで、言語を絶する辛さが伝わり、修行のたらない私はお経の声をまともに出すことができませんでした。

仏さまのお導きによるこの劇的な出会いをきっかけとして、Sさんと私の関係は深まって行き、その街を訪ねる時には必ずSさんにお会いするようになっていました。

Sさんは未だに仮設住宅に住んでおられるのですが、ある時その仮設住宅で一晩お世話になることになりました。

「母ちゃんが生きている時には一度も台所には立ったことはありませんし、男の料理で美味しいかどうかはわかりませんが」と苦笑いしながら、食事を作って下さいました。

『一人は寂しいんだろうなぁ』とか、『一人になった時には暗い顔になるんだろうなぁ』と勝手に思い込んでいたのですが、私の予想に反して食事をしながら明るくSさんは話をしてくれました。

どうしたらあの苦しみの中からそんな自分でいられるのか尋ねると、Sさんの顔から笑顔が消え、覚悟をした目つきとなって「徹奘《てつじょう》さん。私には生きがいがあるんですよ。私ももう七十歳を超えていて、何時お迎えが来るかわかりません。でも自分の命の尽きるその日まで、亡くなった家族四人の供養を勤め続けたいんです。亡くなった孫にも「じじ、がんばるよ」と約束したんです。これが私の生きがいなんです」と夢を語ってくれました。

Sさんは悲しみのどん底からすでに自力で歩みだされていたのです。その覚悟に満ちた無垢《むく》な顔は、失礼な言い方かも知れませんが、まるで少年のようでした。

翌朝、最初にSさんとお出会いをしたお寺を共に訪ねると、それはそれは立派なお墓が建てられていました。聞けばご遺族に支払われた弔慰《ちょうい》金のほとんどを新しいお墓を建立するための費用になさったそうです。知人の中には生活費にそのお金を使うべきだと、Sさんの行為に対して愚行であるかのように受け止めた人もあったそうですが、亡くなった家族が頂戴したお金だから亡くなった家族の供養のために使う、それが自分の描いた夢の実現の一歩であると信じ、Sさんは自分の覚悟を貫《つらぬ》いてお墓を直されたそうです。更に残ったお金はお寺の本堂の再建の基金とし、自分自身はお寺再建の委員を率先《そっせん》して務められていることを教えてくれました。

墓所でのご供養の後、Ｓさんの自宅があった場所に行くと、「ここが居間だった」「ここが寝室だった」と懐かしむように一部屋一部屋についての説明をしてくれました。そして最後に玄関先にあった奥さんが大切に花を育てていたという花壇の前に立ち、ひまわりの種をまいたことを教えてくれました。そしてその時に語って下さった、それが本稿の初めに紹介した言葉です。

そのひまわりは昨年のお盆には立派な花を咲かせたそうです。そして今年はもっと立派な花が咲くよう育てていると教えてくれました。そのひまわりの花と共に帰ってくる奥さんやご家族に会えることを、とても楽しみにされていることを、ひしひしと感じました。

親を失った寂しさ

古歌に

盆はな　盆は楽しや　別れた人が
晴れてこの世に　会いに来る（不詳）

というものがあります。これは私の師匠・高田好胤和上《たかだこういんわじょう》がお盆行事の際に必ず法話の中で紹介されていたものです。

師匠は早くに父親を病気で亡くされ出家しての小僧生活、徴兵から戻ってやっと同居できるかと思った時に母親を亡くされています。よく親のないことの寂しさを語っておられました。その時に「お盆という行事があったおかげで一年に一度両親に会えるんや」と仰って、お盆行事を熱心に勤めておられました。

修行を始めた十代の私は、両親は健在、世の中は平和で何も失ったものもなく、師匠の話の真意は全く見えませんでした。しかし、師匠を亡くし、父親を亡くし、また多くの友人・知人を亡くした今になって、この歌に込められた、亡き人への深い思いや師匠の思いが分かるようになってきました。

亡き人への思いは生き続ける

人というものは、命が絶えてその姿がなくなったとしても、決してその人の全てが消え去ってしまうものではありません。亡くなった人への思いは、残された人の心の中に永遠に生き続けていくのです。

亡くなった人と再会し、命を見つめる時間であったお盆の時間を、現代の私たちは自らが遊び楽しむ為に使うようになってしまいました。これは本当に残念なことです。

残された人が亡くなった人のことを大切にする。これこそが人の道の基だと思います。それをSさんがひまわりの花を通して私に教えてくれた、そんな思いで一杯になりました。

ひまわりの　花に重なる　亡き人の
笑顔を偲《しの》び　我も微笑《ほほえ》む（徹奘）

先祖の知恵を無視した日本人

二〇一一（平成二十三）年三月十一日、東日本を襲った巨大地震によって、日本は国難と言えるダメージを受けました。

震災当時、私がお世話になっていた薬師寺の東関東別院である潮音寺《ちょうおんじ》（茨城県潮来《いたこ》市日の出町）も、液状化によって境内《けいだい》の敷地四千坪が沈下、本堂を残し、その他はすべてが罹災《りさい》証明で全壊または半壊と診断されるほどの壊滅的な状態となりました。

沼を埋め立てた土地だった

潮音寺の建つ土地は約五十年程前までは沼でした。そこを埋め立てて新しい街が作られ、そのシンボルとして寺が建立《こんりゅう》されたのです。しかしその土地の壊滅的な状態を見て、私は今はっきりと思っています。沼は沼という条件が整っていたので沼をやっていた。それを人間が発展と発達という錦《にしき》の御旗《みはた》のもと、自然を人工で形状変更させたのです。

たしかに、その時々の人知を尽くしているのでしょうが、それは所詮《しょせん》人間の浅知恵。自然を相手に人間が勝《すぐ》れるということは絶対にありえないのです。それがいつの間にやら、自然の中に生かされている人間が自然の全てを操《あやつ》れるかのように振舞ってしまったのです。

震災の後、「想定外」「想定外」と繰り返される言葉を見聞する度《たび》に、どこまで行けば自分の人間の愚かさを認めるのだろうかと、本当に「何偉そうに言ってるんだ」、「このバカヤロー」と大声を出したくなるほどです。

ここから先の地は手出しするな

震災の後一カ月を経て、私は茨城、福島、宮城、岩手と時間の許す限り被災地を巡り、チャンスが与えられる限り被災された方々と接点を持つようにつとめています。

被災地を巡り、たった道一本の差で、それこそ天国と地獄の差が生じていることに接し、一体この差はどっから生まれたのだろうかと、答えのない答えをさがしている時、被災の激しかった宮城県名取《なとり》市に住む古老がこんなことを教えてくれました。名取の街には中央と東北地方を繋《つな》ぐ東街道という路があり、その路から海岸の土地は古来、農耕作に適さないだけでなく、災害の危険性が多いから手出ししないという暗黙の了解があったそうです。しかし、その古くからの言い伝えに耳を貸さず、土地改良によりどんどん海岸部に人も田畑も近づいたそうで、その自然に逆らうかの如くに進んだ場所が、今回の街ごとなくなってしまった地域だと言うのです。

「先祖から、ここから先は行くな」と言い伝えられ、それをかたくなに守ったから私は救われたと言われました。しかし他の土地から移り住み、古くから土地に住む者との接点のない人には決して解らぬ事だとも残念そうに言われました。

子孫の幸せを見据えた復興を

今の私達日本人は、第二次世界大戦によってそれまでの日本が有していた家庭環境や地域社会を壊されてしまい、あたかも戦後のみが全てであるかのように振る舞う社会を形成してしまいました。しかし、決して日本の歴史は戦後だけではありません。この国が国としての形をなしたその時から連綿《れんめん》と歴史は続いているのです。それを忘れ、「今が一番すごい」「自分は賢い」と思い込んでいるため、私達に今日の幸せを与えて下さった先人や先祖が育て、大切に言い伝えてきた事に対しても、そんなものは古い考えだと聞く耳すら持たず、私達を護《まも》ってくれる大切な教えを捨ててしまったのです。

二〇一一年に八百年遠忌《おんき》を迎えられた浄土宗の開祖・法然《ほうねん》上人が「敬上慈下《けいじょうじげ》」という言葉を残されています。これは全くの私見ですが、この教えは目に見える今（自分）だけを思うのではなく、過去（先祖）と未来（子孫）を見据えた生き方が大切だ

南三陸町の海岸にて

ということだと思います。
　私達は今こそ、先人、先祖を敬わなければならないと思います。
　そしてこの度受けた苦しみを、私達の後に生まれて来る、それもその存在に決して出会うことのない後世の人々に同じ苦しみを与えないためにも、今の復興だけを目指すのではなく、子供・子孫の幸せをも加味して復興に努めなくてはならないと思うのです。
　自分の生きている時だけでなく、先人、先祖の生きた時、未来を生きる子孫の時、この三つの時をしっかりと思い、何事にも努めて行かなくてはならないと思います。

ただの「今」でなく「中今《なかいま》」を生きる

東日本大震災によって、私達日本人は国難とも言える大きな大きな痛手を負いました。一万八千人を超える方々が尊い命を落とされたり行方不明となっていることは、本当に辛く、悲しいものです。

私自身も震災後一カ月に満たない四月九日の巡礼を皮切りに、継続的に被災地に入らさせていただいております。一日でも早い復興をと祈るばかりなのですが、形だけでなく「この被災を次の為にどのように生かせばよいか」を自問自答してきました。

私の師匠高田好胤和上は、戦争の慰霊法要に行かれ、泣きながらご法要の導師をつとめられた時に、参加する人々に「私のお経で慰められるような生易《なまやさ》しい死に方は誰もなさっておられません。でも、何かせずにはいられないので、こうして戦地を巡っておりますが、本当に大切なのは残された私達が亡くなられたお命を無駄にしない生き方をすることです」と繰り返しお話しされていました。

まさにこの言葉の如く「私達は亡くなられたお命を無駄にしないような生き方」につとめていかなくてはならないと私は思っております。

過去と未来の真ん中の今

今から千三百年前、日本の中心は奈良にありました。その当時使われていた言葉を上代《じょうだい》日本語とも、大和言葉とも呼んでいるそうですが、その中に「現在」を表す、「中今《なかいま》」という言葉があります。これは元々、『続日本紀《しょくにほんぎ》』の中に聖武《しょうむ》天皇のお言葉として伝えられているものが初見《しょけん》のようです。読者の皆さんには耳慣れない言葉と思いますが、実は『広辞苑《こうじえん》』にも記載のある言葉で、そこには「過去と未来との真ん中の今。遠い無限の過去から遠い未来に至る間としての現在。現在を賛美していう語」と意味が記されています。

元来は今を讃嘆する言葉として生まれてきたようですが、私はこの言葉を過去のおかげの上に今があり、その今が次の今（未来）を育てる、だからこそ今を生きるものの生き方が大切であると受け止めました。

私は十七歳で出家させていただいてから三十余年の間、お釈迦さまの教えを軸として日々生活させて頂いてきているのですが、そのお釈迦さまの説かれる教えの基本スタンスは「自分を救えるのは自分しかいない」という考え方です。

私は我儘《わがまま》な性格なので、自分以外の尺度の中に生きることが中心だった若い頃の修行がうまく行かず、三度も寺を逃げています。（逃げ切れずに今日があります。）それでも今日まで逃げたり、心が折れたりしながらも修行を続けることが出来たことにより、「自分が苦と思えば苦しい世界が、自分がありがたいと思えばありがたい世界が目の前に広がる」ことを習得してきました。そのおかげで今日でも苦しいと感じることは多々ありますが、その度に「今の自分が見える世界だけにとらわれるな、自分を超えた位置から心静かに、よく目を凝《こ》らし見てみろ」と自問する生き方を身につけましたので、苦を苦として受け止めないで済むようになってきています。

このように今の自分の事については、仏さまや先輩方のお導きでかなり良くなっているのですが、自分を超えた時については今まで考えることが少なく、被災地を訪れるたびに自分の力の弱さや命の有限性に悩み苦しんでいました。自分で答えの見つけられぬ者は先輩に聞けの思いで、私達の先輩方はどのような思いで生きてこられたのかを学んでいる時に、「中今」という受け止め方があるのだと知ったのです。

この「中今」との出会いによって自分が変わりました。（正確に言えば、変わりつつあります、だと思う）

襷《たすき》を次のランナーに渡す役目

今までの私は、戦後の自我教育を受けてきていますから、今の上に立脚した生き方を模索してきました（図①）が、この今という土台の上に立つと、最後には「今さえ良ければいい。自分さえ良ければいい」と歩を進めてしまうと思います。これに対し、この今という土台を中今という土台に変え（図②）、さらにそれを少し離れた位置から見てみると（図③－1・2）、過去・現在・未来の現在を生きているのであって、これをたとえるならば、駅伝でいう一人のランナーが自分であり、前のランナーによって運ばれてきた「襷《たすき》」を次のランナーに少しでも良いコンディションで渡すのが役目であることに気付けるのではないでしょうか。そうすると、決して「今さえ」、「自分

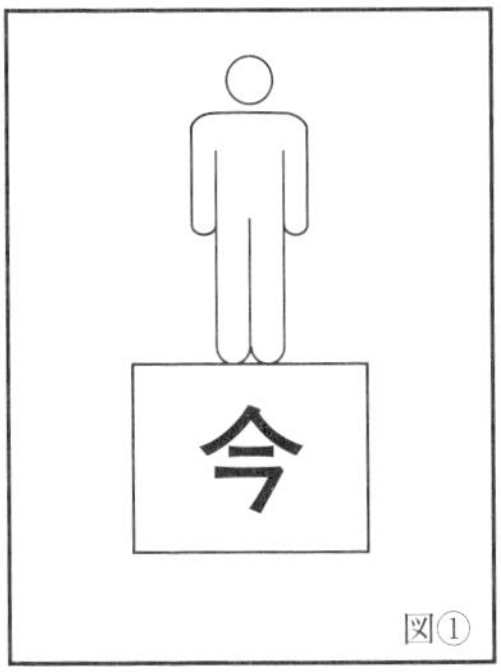

図①

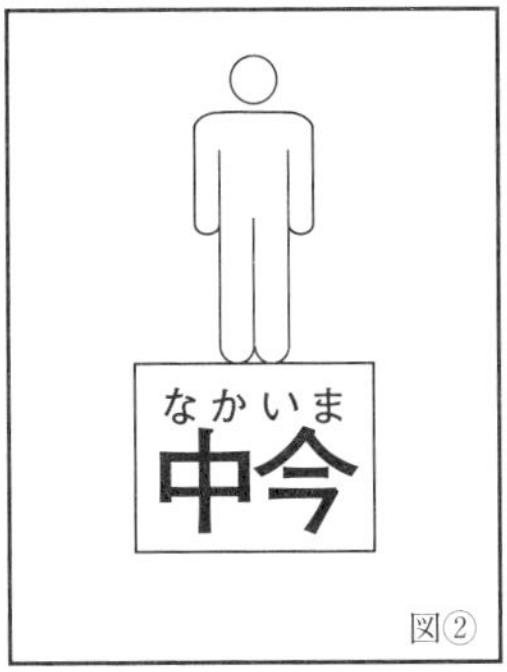

図②

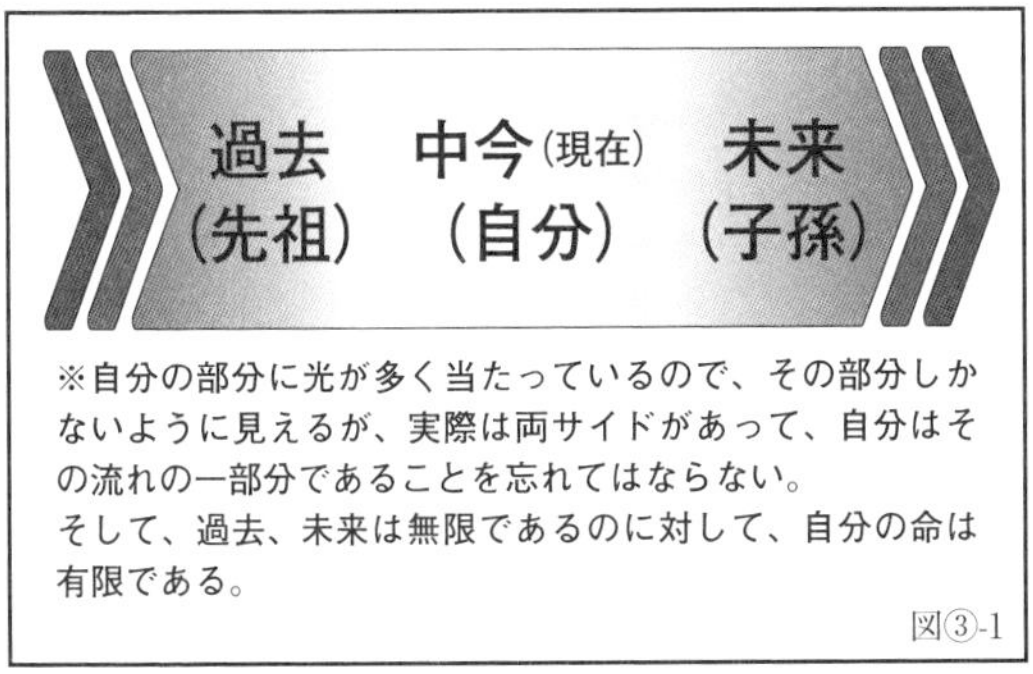

※自分の部分に光が多く当たっているので、その部分しかないように見えるが、実際は両サイドがあって、自分はその流れの一部分であることを忘れてはならない。
そして、過去、未来は無限であるのに対して、自分の命は有限である。

図③-1

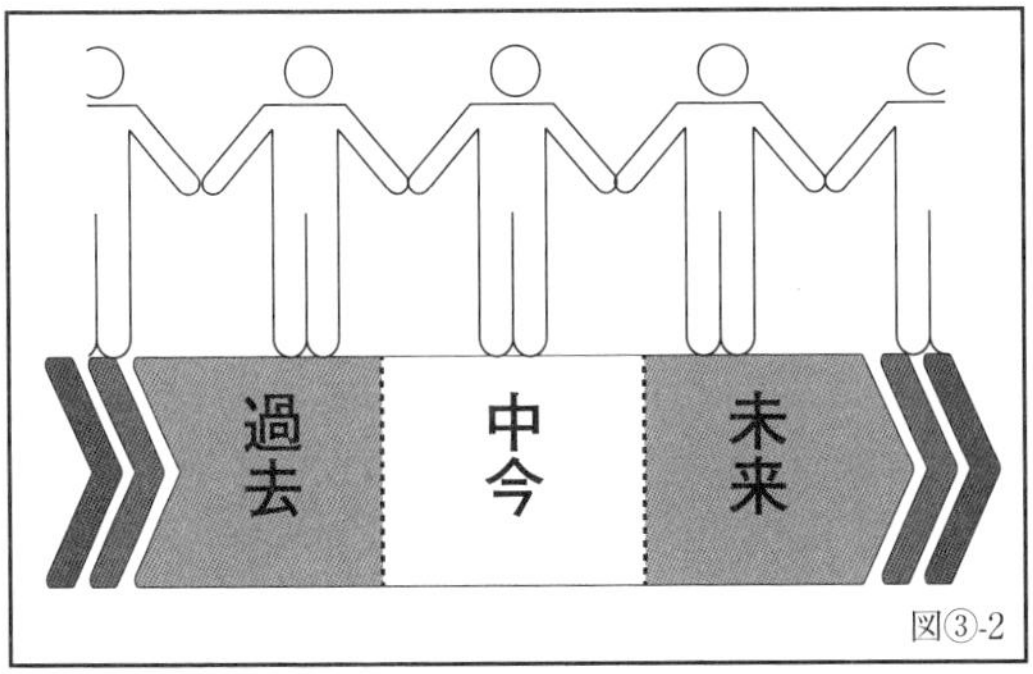

図③-2

さえ」良ければいいという問題だけで命を使ってはならないという生き方が育ってくるのではないのでしょうか。

これを、先祖と自分、自分と子孫という考え方に落とし込んで図にすると、図④のようになると思います。

こんな図を書いてみると、今更に私たちの命は自分一人のものではなく、過去から未来へとつながる長い長い命の流れの一部を私たちは任されて生きていることがわかると思います。

こんな話をお聞きしました。現在のアメリカ・ニューヨーク州あたりに住んでいたイロクォイ族は、何か物事を決める時に「七世代にわたっておよぼすことになる影響を考えなくてはならない」、「どんな事も、七世代先まで考えて決めなければならない」と、唱えてから会議をしていたというのです。

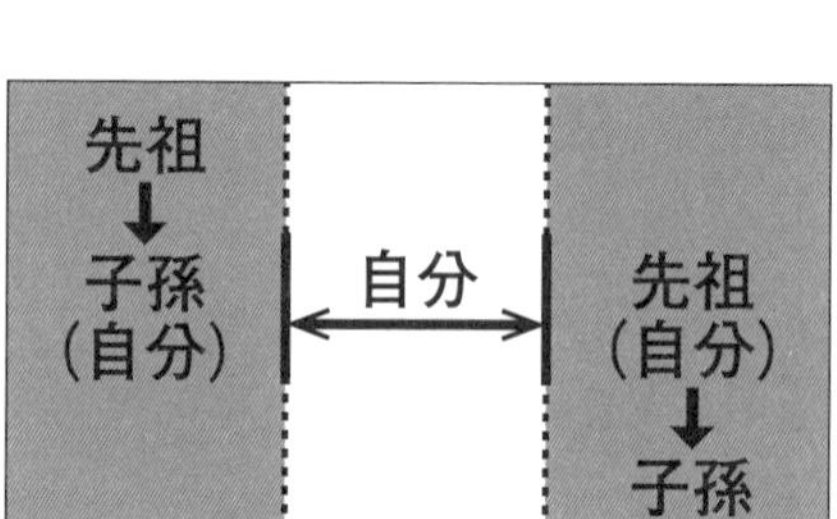

図④

今の私達はたしかに自分を超えた時を考えないではありません。例えば「子」とか「孫」とかいう所までくらいは考えていると思います。しかし自分の顔も知らず、声を聴くこともない、つまり自分の子、自分の孫という「自分の」という冠の付けにくい世代までとなると話は別で、あまりと言うか、全く考えが及ばないのが現実ではないでしょうか。しかし私達は、今更に自分の生き方が、未来に大きな影響を与えるということを忘れてはならないのです。

執拗《しつこ》いようですが、私達は過去と未来の間の「中今」を生きていることを恒《つね》に忘れず、自分の命を使っていかねばならないのです。

苦しみを取り除く特効薬

十七歳で薬師寺にお世話になってから、ひたすら「心」を学んできました。自分で選んだ僧侶の道でしたが、修行は自分で描いていたものよりも更に厳しく、せっかく薬師寺という素晴らしい環境、師匠・先輩という良き指導者に恵まれながらも全く感謝せず、それどころか日々、不平と不満を繰り返し、それこそ愚痴《ぐち》だらけでした。でも、今は全く違います。確かに愚痴が出ないわけではありませんが、若い頃のように心の底からというのではなく、その愚痴は極めて表面的なものです。

今も昔も、寺の生活環境は何も変わっていません。でも「心」を学んだことにより、私の受け止め方が変わったのです。

現代の私たちは素晴らしい生活環境を与えられながら、幸せだと言い切れず、逆になんとなく苦しみを感じているのではないのでしょうか。それは間違いなく心の修練が欠如しているからだと思います。

三つの自分への問いかけ

私は、今こそ「心の再教育」が必要であると考えています。しかし、ただ「心を学べ」と言われても、何をどう学べばよいのかが分からなければ、迷いを深くするだけです。ですから今回は仏さまの教えの中から、「三つの静慮《じょうりょ》（自分への問い掛け）」を、ご紹介します。

私は、二〇〇一（平成十三）年から奈良少年刑務所の篤志《とくし》面接委員をつとめさせて頂き、罪を犯してしまった少年たちが、少しでも良い状態で社会へ復帰してくれるようにと、お手伝いしています。

そこで随分数多くの受刑者と接して気が付いたことは、彼らのほとんどが心の教育を受けていないということでした。心の学びが足らないので、人間の持つ野性的な部分だけが突出し、それが原因で人生の中でも最も良き時間を、檻《おり》の中で過ごさねばならなくなってしまったのだと、私はつくづく感じるようになりました。

そんな彼等が刑務所生活という最悪に近い環境（私は最良の心の訓練場と思っています）に身を置き、そこで自分と向き合って初めて気づくのが「心」の重要性なのです。自身の再生を願い、自分の内側にある心を学びだした時に、自分の全ての行動が自分の心の仕業《しわざ》である、と彼らは知るのです。そして、このことに気がつくことのできた人は、見事と言ってよいほどの大転換をしてくれます。

経文に「心如工画師」（こころは たくみなる えしのごとし）という一句があります。これは、心はもの凄く上手な絵描《えかき》さんのようなものであり、その心を前向きに働かせれば、目前には幸せの世界が広がり、逆にその心を批判的・否定的に使えば、目前には苦しみの世界が広がることを教えているのです。

薬師寺の宗派は、法相宗《ほっそうしゅう》です。別名もあります。その時は唯識宗《ゆいしきしゅう》と言います。実はこの唯識という言葉こそが、薬師寺で学ぶ教えを端的《たんてき》に言い表わしています。

唯識の「唯」を英語に置き換えるとオンリー、つまり「ただこれだけ」ということ。「識」は意識・無意識の識で「心」を指します。つまり唯識とは「全ては心次第」という意味になります。

唯識の教えを説く中心論疏《ろんそ》に『成唯識論《じょうゆいしきろん》』（以下『成論《じょうろん》』）という書物があります。その中には私達の先輩が色々な角度から心を探求したその研究成果がびっしりと詰まっています。

その中に「人はなぜ腹が立つのか」という疑問に対し、「自分の思い通りにならないから腹立つ」という答えを見出すことができます。将《まさ》にその通りです。一言の反論もできません。そしてその腹立ちを我慢しなくてはならないので、私達はだんだんと心が苦しくなるのです。

安住《あんじゅう》、引発《いんぽつ》、弁事《べんじ》

ではどうしたらその苦しみを無くすことが出来るのでしょうか。『成論』には、その答えも記されています。『成論』では、心の修練に十段階あると説いています。（第十段階にまで到達できれば、それこそ「仏」と呼ばれる人となれるそうです）その第五段階に苦しみを除く方法が記されています。それが今回紹介する三つの静慮《じょうりょ》です。

仏さまは「心が苦しくなった時には、無理やり足掻《あが》かず、心静かに、自分に三つの問い掛けをしろ」と言われます。

その三つの問いかけとは、①安住《あんじゅう》静慮《じょうりょ》。②引発《いんぽつ》静慮。③弁事《べんじ》静慮です。少し専門的な言葉なので、それぞれを分かりやすく説明すると、

①の安住とは、「自分に与えられたものを、しっかりと見つめ積極的に受け止めていますか」という問い掛け。

②の引発とは、「初心を忘れていませんよね」という問い掛け。

③の弁事とは、「相手の心を忘れ、自分の思いだけで生きていませんか」という問い掛け。

となります。

私は実際にこの三つの問い掛けを、自分自身にしてみました。そうすると自分が苦しんでいた時には、他人や他の環境を羨《うらや》ましく見ていたことが分かりました。また、初心などはすっかりその存在すら忘れ、その時々の楽を求めていましたし、ただひたすらに自分の価値観を振り回す、という行為を繰り返していたことに気がつきました。

つまり、私はこの三つの問い掛けに対して、望まれる答えとは全く逆の行為をなし、自分自身を苦しみへと導いていたようです。皆さんはいかがでしょうか。たぶん当たらずとも遠からずだと思います。

積極的に苦の原因の理解に努める

実はこの三つの問い掛けをしながら心を訓練するという、この第五段階には、「極《ごく》難勝地《なんしょうち》」という呼び名が付けられています。読んで字の如く「極端に難しいことに勝つ為の訓練の場」なのです。だからこの三つの問い掛けこそ、苦しみを取り除く方法なのです。

唯識学の権威で駒沢女子大学の教授であられた故・太田久紀先生は、『「忍」を「認」にせよ』と言われました。これは、ただ単に我慢する（忍）のではなく、心静かに考え（静慮）て、積極的にその苦の原因の理解（認）に努めれば、苦しみは苦しみではなくなるということです。

今、私達は深く物事を見聞することなく、自我の振り回しばかりをしています。その結果、不必要な苦しみを、自分自身で生み出してしまっているのではないのでしょうか。

本当は幸せな私たちです。しかし、心の向きが少し間違っているので幸せに気づけないのです。

幸せな自分であることに気づきましょう。その為に今回ご紹介をした三つの問いかけを、心静かに行ってみて下さい。きっと目前の世界の色が変わりますから。

『生きる』──より良く生きる秘訣《ひけつ》「静思《じょうし》」──

『逃げたい やめたい さぼりたい』
『近くて 遠い この自分』
『愚かな自分に気付いても これでいいやと思ってる』

これらの言葉はまだ部屋住み修行だった頃の私の日記帳に記された、いわば私の心の吐露《とろ》です。

私は十七歳の時に、薬師寺の僧侶となりました。その理由は唯一つ、私の母が女学生の時分からご縁のあった師匠・高田好胤和上《たかだこういんわじょう》が説法している姿を見て、「この人について行きたい」という気持ちが芽生えたからです。

その頃の師匠は、薬師寺の復興に全身全霊を打ち込んでおられました。それまで四百五十年間、薬師寺代々の住職がなしえなかった薬師寺金堂の復興を成就《じょうじゅ》、引き続き薬師寺西塔《さいとう》の再建に着手されていたのです。その師匠が説法する姿は、何も分からない中学生だった私でも、その体から発せられる夢に向かって邁進《まいしん》する活力と熱気（多分これを世間ではオーラというのだと思う）を感じるほどでした。

『逃げたい やめたい さぼりたい』

そんな師匠に対する憧れが私を出家の道へと導いたのだと思うのです。しかし、現実の修行生活は厳しいものでした。それまで甘やかされて育ってきた都会っ子の私には想像を絶する生活がそこにはありました。他人から見れば明るく、元気に見えたでしょうが、師匠という憧れを見上げていた私の顔は、いつしか下を向いていたのです。「逃げたい やめたい さぼりたい」という思いが心の中で渦巻いていました。

そして段々と自分が何をしたいのか、何をしなくてはならないかが全く見えなくなり、挙句《あげく》の果てには自分で自分が操《あやつ》れない苦しさから、自分自身を批判したり、否定したりしました。まさに「近くて 遠い この自分」でした。

そんな悶々《もんもん》とした日々から何とか脱出したいのですが、それが出来ない。他人を否定しても、仏さまを批判しても何も変わりません。自分自身が変わらねばならないのですが、何をどうしてよいのかが分かりませんでした。なんとなく時間を過ごすことと、その場をしのぐという生活でした。このままではいけないと思ってはいるものの、いつのまにかそんな自分を肯定していました。その時の自分が「愚かな自分に気付いてもこれでいいやと思ってる」でした。

そんな生活が何年も続きました。法衣《ほうえ》はつけさせて頂いてはいましたが何の中身もありませんでした。自分の無力さに苛《さいな》まれていました。どこにもぶつけることの出来ない自分の心の叫びを短い言葉で、日記帳や手帳に所狭しと書き込んできました。そこには「ありがたい」とか「もったいない」などという言葉は、ほとんど登場しません。「つらい」「苦しい」「あいつが憎い」というような、僧侶が人様に説く言葉には出てこないものばかりが群がっていました。

本当に逃げたかった。本当に辞めたかった。しかし私には逃げ出す根性がありませんでした。実はその根性の弱さが私の一番の強みだったのです。細々ながら糸は切れませんでした。

夕陽を見た瞬間に

数年前の初冬だったと記憶しています。私は薬師寺の境内《けいだい》を一人歩いていました。不意に堂塔の間から真っ赤な光が差し込んできたのです。西の空に今にも沈もうとする夕陽が突如現れました。その夕陽を見た瞬間、無意識に涙があふれてきました。そして「我慢していたのは俺じゃない。仏さまやお師匠様が我慢して下さっていたのだ」と思えたのです。気づけば嗚咽《おえつ》していました。

それまでの私は「自分が生きる」という事ばかり考えていたようです。しかし、その瞬間「自分は生かされてきた」と思い直すことができました。

確かに自分からは辞めませんでした。でも誰も私に「辞めろ」とも言わなかったのです。だから私は薬師寺に居続けられたのです。

最近、私は法話の都度《つど》「今私は、誰がなんと言っても幸せなんです」と話しています。正直に言えば意にそぐわないことは多々あります。でもそんなものは誤差だと思うのです。

よく考えてみてください。もし今私が同じ仏教徒としてチベットに生を受けていたら大変だったと思います。もし七十年時計の針が戻ったとしたなら、鉄砲を担いで人殺しをしていたかもしれません。そんな自分であってもよかったのです。でも私は今幸せな時を頂戴しています。そう思えるので日々のちょっとしたゴタゴタは誤差と言い切れるのです。

経典の中に「静思《じょうし》」という言葉があります。私はこの言葉を人生の指針としています。これは「何か事に対峙《たいじ》する時、一呼吸の間でよいから、自分の損得、好き嫌いという感情を横に置いて、話を聞け、ものを見ろ、自分を見直せ」という意味を持つ言葉です。

先祖になる自覚

薬師寺での修行が三十年を超えました。この三十年間の寺での生活の中で一番学んだことは、生まれてきた人は、必ず死ぬ。ということでした。

その生まれてから、死ぬまでの間を、生きているというのですが、その生きている間、私たちはどんなに辛いことがあっても、苦しいことがあっても、決して誰も代ってくれません。

そして、歳を重ねれば重ねるほどに、人として決して貰いたくない、三つのものを貰います。それが「老い」と「病」と「死」です。

人はどんなに一生懸命生きても、人様の為につとめても、寺に出家しても、必ず死にます。私の師匠である高田好胤和上《わじょう》も亡くなりました。大好きだった父も亡くなりました。誰も死は避けられないのです。

よく私は法話の時に、「気がついたら今の歳ではありませんか」と尋ねます。自分で意識をしていないわけではないのですが、時は一瞬たりとも止まらずに過ぎ行き、私たちも歳を重ねるのです。

私も十七歳で出家して、今まであっという間に時間が過ぎました。これからの時間もきっと物凄いスピードで過ぎていくことでしょう。

私は「死」が怖くて仕方ありませんでした。修行場の掛け時計がチクタクチクタクと時を刻む音を聞いていると、また一秒、死に近づいた。また一秒、死に近づいたと感じて、怖くて怖くてたまらず、時計を止めたことが何度もあります。

曽祖父母の名前が言えますか

死が怖いから、死のことをたくさん考えました。「死ねばすべてが終わってしまう。だったら何のために生きているのか」、それをずうっと考えてきました。その答えが最近おぼろげながら見えてきたのです。その答えをお話しする前に、読者の人に質問しますので、声に出して答えてみてください。

① ご両親、二人の名前を答えてください。
② 祖父母、四人の名前を答えてください。
③ 祖父母の両親、八人の名前を答えてください。

たぶん③を完璧に答えられた人は、一人もいないと思います。一人も答えられない人がほとんどだと思います。中には②の四人を答えられない人もあると思います。

昨年夏休みに、小学校三年生から、中学校三年生、三十人に「おじいちゃん、おばあちゃんの名前を四人全部言える人」と尋ねたら、答えられたのは一人だけ。逆に一人しか答えられなかった人が七人もいました。その七人の共通点は同居。つまり直接に接点が無ければ、祖父母の名前さえ覚えようとしないのが、私たちです。

その祖父母の両親にも両親があり、その両親にも両親があるのですが、それらの人の名はほとんどわからないので、総称して「先祖」と呼んでいます。そして、私たちも、いつかは「先祖」と呼ばれる人になるのです。

今の私は「死」は自分自身の終焉《しゅうえん》に過ぎないと考えています。そして死ぬと同時に、先祖と呼ばれるまでの間、先祖予備軍になるのです。そして、本物の先祖となれるのは、約五十年後、おおまかに言って孫の子の頃でしょうか。

子孫の幸せのため懸命に生きる

私は「死ねばすべてが終わってしまう。だったら何のために生きているのか」という問いかけに対し「先祖になるために生きている」のだと思うようになりました。そして、その先祖になったときに、名も知れず、その存在が忘れられても、子孫の幸せの手伝いをするための何かを残せるよう、今の自分を懸命に生きることが大切だと思っています。

二千五百年前にインドでお生まれになったお釈迦さまは、その生涯を懸命に生きられました。そして悟られました。そのお悟りの内容が、時間、空間を超えて人々を救い、喜びを与えているのです。お釈迦さまはスーパースターです。そんな人にはなれません。でも子孫のことをも思い、懸命に生きたならば、必ず何かを残し、伝承させることができると思います。

自分の血のつながった人に、動産・不動産・金銀・書画骨董《しょがこっとう》を残すために生きることを否定はしません。でも形あるものは、あまり長持ちせずに消えていってしまいます。

今の私たちは、自分と形あるものにこだわりすぎです。そんな範囲の狭い生き方をするのではなく、もっともっと広い時間軸を持って生きることが大切なのではないのでしょうか。

第2章

こころに効くこの一言

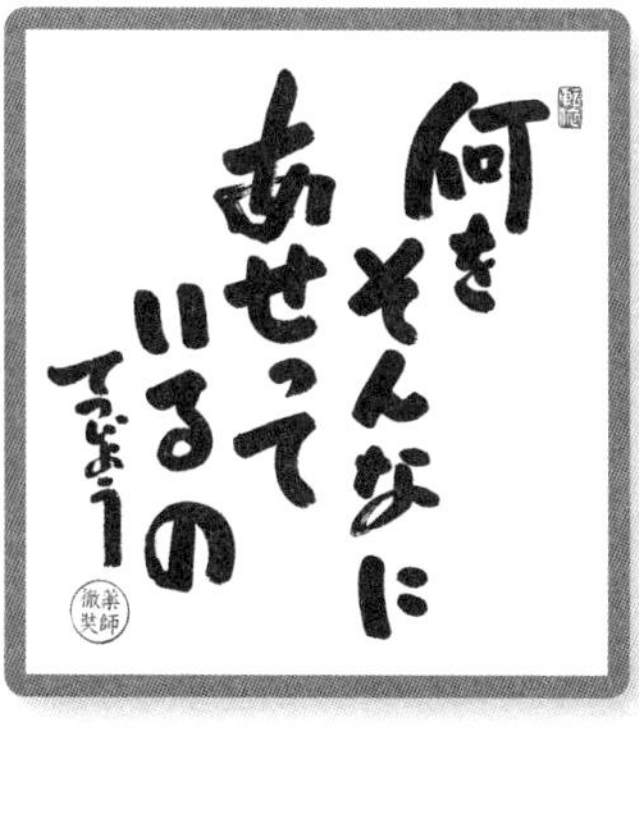

うぬぼれず　卑下《ひげ》もせず　少しずつ　少しずつ

初めて文字化されたお経の一つである『法句経《ほっくきょう》』の中に、次の様《よう》な対句《ついく》があります。

「私にはどんなことがあっても悪の報いは来ないであろう」

こう考えて悪を軽々しく思ってはいけない。一滴、また一滴と水が落ちて、ついに水瓶を満たすように、愚かなものは、少しずつ、少しずつ悪をつみかさねて、ついに悪を満たすに至る。（第一二一句）

「私にはとても善の報いは来ないであろう」

こう心にいだいて、善を軽々しく考えてはいけない。一滴、また一滴と水がしたたって、ついに水瓶を満たすように、賢い人は、少しずつ、少しずつ善をつみかさねて、ついに善を満たすに至る。（第一二二句）

善も悪も「一滴、また一滴」満たす

私はこの二句に説かれる「一滴、また一滴」というフレーズが大好きで、「遅々たる進みでも、休みなき精進《しょうじん》こそが自分を変える」という意味で良く法話に引用してきました。しかし、最近は少し違う角度からこの二句を使って説法しています。

すなわち私は、先の句には、自分だけは特別だと思ってしまう「うぬぼれを戒《いまし》める」意味が、後の句には、どうせ自分なんてと思ってしまう「卑下《ひげ》を戒める」意味が説かれていると受け止め、「うぬぼれ」と「卑下」が人生をダメにすると説いています。

何故、変化したかというと、説法行脚《せっぽうあんぎゃ》で多くの人と出会い、日本人の性格が「うぬぼれ」と「卑下」に二極分化していると感じるからです。

連日、目を覆いたくなる事件が報道されていますが、これは間違いなく身勝手でうぬぼれた人が多くなったからと思います。他方、何の夢も持てず、ちょっとした失敗で自分の人生を捨ててしまう、自分を卑下する人も多くなったと思えるからです。

そう偉そうに言う私にも、「うぬぼれの滴《しずく》」と「卑下の滴」は、無意識にしたたり落ちていました。しかし、薬師寺での修行生活が三十年を超えた今日、自分の迷いがこの二種類の滴によって引き起こされていると明確に認識することができ、迷いの波が少しおさまってきた気がします。

いつの間にかしたたり落ちてくる

修行を始めた時に「三十年したら修行の入口に立てる」と先輩僧侶から言われましたが、まさにその通り。永遠に「うぬぼれ」と「卑下」はなくならないと思います。だからこそ、心静かに自分を見つめて、少しずつ、少しずつ良い方向へ歩を進めよと、自分自身に言い聞かせています。

意識して生きないといつの間にかしたたり落ちてくる「うぬぼれの滴」や「卑下の滴」に、くれぐれもご注意。ご注意。

調和＝聴話

今から約千四百年前、日本の舵取《かじと》りをしていたのが聖徳太子。その聖徳太子が人々をまとめる為のルール作りをしました。それが十七条憲法。その第一条の書き出しが有名な「和を以《も》って貴《とうと》しと為《な》す」です。では、なぜ聖徳太子は「和＝仲よし」が大切だと最初に言ったのでしょうか。

世の中を見ていると、我儘《わがまま》な意見と我儘な行動が溢れています。これは今も千四百年前も変わらないと思います。我儘をぶつけ合えば、必ずそこから争いが起きる。だからこそ争いが起きぬように皆の意見を統一しなければならないのですが、それがいかに難しい事であるかということを聖徳太子は知っておられたからこそ、「和」が大切だと提唱されたのだと思います。

そして、「和」は皆の意見を調《ととの》えた時に、はじめて生まれてくるので「調和」という言葉があるのだと思います。

では、どのように調えれば「和」が生まれてくるのかを考えている時にふと思ったのは、我儘な人は「人の話を聞かない」という特徴があるということでした。そこでこの特徴を逆手《さかて》に取って「話を聞く」が「調和」の秘訣《ひけつ》だと気づいたのです。

この気づきをヒントに「聞く」を、耳を澄まして聞くの「聴く」に置き換え、更に「和」を「話」に置き換えてみると、「聴話」という言葉が出て来ました。それが何と「調和」と同じ読みなのです。その時、「調和」は「聴話」によって生みだすことが出来る、と私は確信しました。

国際社会においても、私たち個人の生活においても、相手の話を耳を澄まして聴く事が重要なのです。

それでは、ここであなたにお尋ねします。あなたは人の話をちゃんと聴いていますか。

恨《うら》み

お釈迦さまが亡くなられて三百年後の、今から二千二百年前、お経は文字化されました。その最初に文字化されたお経に『法句経《ほっくきょう》』があります。その法句経の中にすでに「人は恨《うら》み深い」と記されています。

私の大好きなことわざに「坊主憎けりゃ袈裟《けさ》まで憎い」というのがあります。元々は聖職者である僧侶の言動が悪く、人に嫌悪感を与えたから生まれたものなのでしょうが、寺の中、つまり僧侶だらけの世界に生きる私には、日々の人間関係そのものですから、まさに実感があります。

修行を重ねた僧侶だから人を恨まないのか。修行を重ねた僧侶だから人から嫌われないのか。答えは「ノー」です。私も三十年を超えて修行をさせて頂いて、時に「徹奘さんは仏さまみたい」とか「仏さまのようだ」と言われることがあります。でも修行を重ねるほどに、我欲《がよく》の強い私は決して仏さまにはなれないと感じています。多分、人間は仏さまに近づくことはできても、一生仏さまにはなれないのではないでしょうか。

自己優先と現実のギャップ

では何が私たちを仏となることから遠ざけているのでしょうか。お経の中に、その原因は「我《が》」であると説かれています。「我」とは、「自分は正しい」「自分は絶対」「自分は他とは違う」という自己優先の思いです。しかし、現実には他に秀《ひい》でる自分などないのです。その身勝手な思いと現実のギャップが恨みを生み出すのです。そして、その恨みの根がだんだんと深くなり、私たちを錯覚に陥らせるのです。

以前、私にはどうしても好きになれない兄弟子《あにでし》がいました。その人の姿を見るだけでイライラしました。それどころかその人の履物《はきもの》が玄関にあるだけで不愉快な気持ちが生まれました。どうしてそんな恨み心を育ててしまったかと言うと、修行を始めた頃その人から強い叱責《しっせき》を受けたことに起因します。今思えば自分が未熟だから指導されたのに、それが理解できず「偉そうに言いやがって」と逆恨《さかうら》みしたのです。

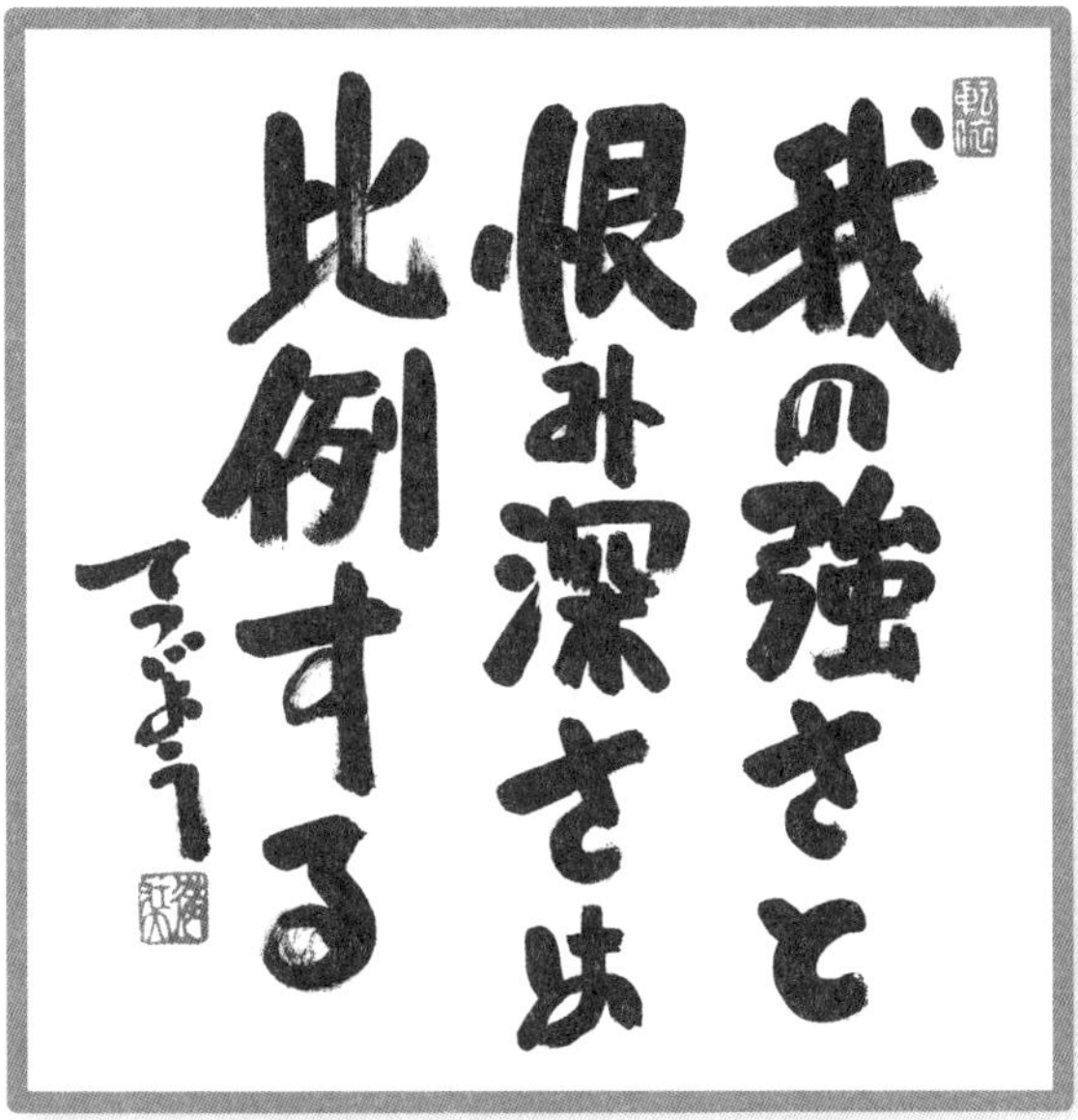

私の師匠である高田《たかだ》好胤《こういん》和上《わじょう》は言いました。「言葉はハエや蚊のように勝手に飛んでいるのではない。必ずその言葉を言った人の経験と人格がそこに隠されている」と。まさにその通りです。でも頭では理解できても、心が許さないのです。自分は許せても相手を許せない、という我の強さが私たちの恨み心の根本なのです。

今、もし心の中に恨み心がある方がいらっしゃいましたら、一度心静かに自分に問いかけて見てください。「その恨み、逆恨みじゃないよね」と。

面白い・面倒くさい

学生時代、こんなご経験はありませんか。

同じ教室で、同じ先生から、同じ話を聞いて、同じときにテストを受けたら、友達との間に大きな開きができた、というようなことが。

私は中学三年生のときに、自分の将来を薬師寺の僧侶と決めた瞬間、心の中で「坊さんに数学は要らない」と思い込みました。そして、そのときから手抜きをして学ぶようになりました。今でもはっきり覚えています。自分が不必要と思っている授業が、それは退屈で面倒なものだったということを。

数学の試験、九点と百点

そのころよく遊んでいた友人は、数学が大好きでした。なんと彼は私が不必要だと思っている授業を面白そうに目を輝かせて受けていました。この「面白い」の〝白い〟には〝明るい〟という意味があります。「面白い」とは、言い換えれば、面（顔）が明るいということ。昔から、目標を太陽にたとえて、太陽の光に顔が照らされて明るい状態、つまり顔が目標に向いていることを「面白い」と言います。それに対して、面（顔）が倒れて目標を見失う姿、それが「面倒」なのです。

数学の授業中、友人は面白い、私は面倒、その心が彼と私に大きな差をつくりました。忘れもしません、高校二年生の一学期の数学の試験でした。彼はなんと百点、私は九点だったのです。

そのときに彼が満点の答案用紙を見せびらかしながら私に言いました。「大谷、今回の数学はやさしかったな」と。

私は今はっきりと自覚しています。彼と私の点数の差は、彼と私との、ものごとを受け止める心の差であったのだと。

与えられるものを自分が面白いと受け止めれば自分は豊かになり、自分が面倒と思えば自分の成長の芽を摘んでしまうのです。

日々の生活の中で私たちはどちらかというと面倒という心を多く働かせてしまっているのではないのでしょうか。さらに言えば面倒という心にとどまらず、自分にとって関心のないものごとについては、ほかの人がそれに熱中していること自体を蔑《さげす》む心まで働かせてしまうのではないのでしょうか。

経済の問題も、環境の問題も、そして人間関係の問題も、目標を見失ったり面倒と思う心が働いたりしていては、良くすることはできません。必要なのは、私たち一人ひとりがしっかりと顔を上げて問題に立ち向かう、まさに「〝面白い〟の精神」ではないのでしょうか。

和《わ》合《ごう》と烏《う》合《ごう》

私たちは一体どんなときに腹を立てるのでしょうか。

答えは簡単、「自分の思い通りにならないとき」に腹を立てるのです。では、その「自分の思い」とは何なのでしょうか。

それは、自分の持っている価値観にほかなりません。私たちは自分の価値観に合えば笑い、価値観に合わねば眉間《みけん》にしわを寄せるのです。

自分のこととしてよく考えてみてください。あなたはどんなときに微笑み、どんなときに笑顔をなくしているかを。

事実、私も自分の価値観に合わない言葉や事柄に接したその瞬間、人が近づきにくいと感じるほど怖い顔をするそうで、不機嫌な顔をして家に戻ると「お坊さんなのになんて顔してるの」と家内から注意を受けます。私は幸せの条件のひとつに「良い人間関係」が間違いなくあると考えています。しかし、この人間関係こそが人生の最難事であることは、誰もが理解されるところでしょう。

人間関係は、良くしたい、良くしたいと直接的に努めてもなかなか良くならないのが現実です。そんなときは、自分の価値観に固執《こしつ》するのではなく、「相手の人にも心あり」と一歩下がって、相手の価値観と共存できるポイントを探すことが大切なのです。お寺で生活する人々のことを「和合《わごう》の衆」といいます。これは自分の思いを持ちながら、相手の思いも聞き届け、お互いが磨きあう関係にあるということです。そのためには胸襟《きょうきん》を開き、心の内側をはっきりと見せて話し合いをすることが重要なのですが、言葉で言うのは簡単でも現実の問題となると、理屈よりも自分を大切にする心が意識あるいは無意識に働いてしまい、「和合」どころか「烏合《うごう》」にしかならないのです。

価値観の押し付けをしていないか

現代は自己主張の時代です。ただし、じつは自己主張は両刃《もろは》の剣で、自分の意見が通じなくなると、とんでもない苦しみに自分を陥《おとしい》れてしまいます。ですから自己主張にも「時」と「場合」があることを忘れてはならないのです。

お寺での仏道修行の目的のひとつに、「相手と自分との調和」があると最近思うようになりました。そして「和」を上手に調《ととの》えることができるようになれば、人生もまたより良い方向へ進むのだと確信しています。

読者の中で現在もし、人間関係で眉間にしわを寄せて生活しておられるお方がありましたならば、一度自問自答してみていただけませんか。

「自分の価値観の押し付けばかりしていないだろうか」と。

ありがとう　あなたに　出会えて　ありがとう

仏典の中で「幸せ」を示す言葉の一つに「身心安楽《しんじんあんらく》」があります。これを簡単に説明すると、幸せには「身＝物質」と「心＝精神」の充実が大切となります。

現代の私たちは物質面ではかなり充実していますが、精神面となると大きな問題が存在しています。その精神面を大きく左右するのが人間関係です。

私たちはそれぞれの人生の経験に応じた価値観を持っています。その価値観は本当に素晴らしいものなのですが、厄介《やっかい》なことにこれがすべての人に通じないのです。そして、この価値観の相違《そうい》による人間関係のトラブルが、精神的な幸せを大きく害するのです。

過日、先輩にこっぴどく怒られました。若い時でしたらその責任をすべて相手になすりつけ、間違いなく「ふざけるな」と瞬間的に腹を立てたと思います。しかし、三十年を超える修行は私を変えてくれました。修行の中で、自分の価値観だけが正しいと主張すればするほどに孤立し、自分が通じないという思いに「心が病む」ということに気がついたのです。

未知の価値観の受容が自らの成長に

人生は自分の価値観だけの通じる人とだけの出会いではありません。時には予想もしなかった価値観の持ち主との出会いがあります。でもその未知なる価値観を受け止められた時に、自分を成長させてくれることが往々にしてあります。

すべての出会いが、自分の成長の種になるのだという思いから、

「ありがとう　あなたに　出会えて　ありがとう」

という言葉が生まれてきました。

あるがまま　あるがまま　そのまんま

友人から、家を建て替えたので記念に玄関に掛ける字を書いてほしい、という手紙が添えられて、数枚の板が送られてきました。これらの板はもともとその家の縁側の廊下に使われていたそうで、字を書くためにある程度の大きさに切られ、きれいに鉋《かんな》がかけられていました。

釘穴が空いた板に何と書いたか

その中に、ちょうど板のど真ん中に一センチほどの釘穴《くぎあな》が空いているうえに、経年のやせによってひびが入りそこに汚れが溜まって筋の様《よう》になっているものがありました。

それぞれの板にどんな字を書いたら喜んでくれるかと思いながら、それらの板を並べていた時、書棚に飾っている亡くなった師匠高田好胤和上《たかだこういんわじょう》と二人で並んで撮った写真が目に飛び込んできました。

私は師匠に憧《あこが》れて十七歳で薬師寺に入りました。太陽のような存在である師匠のようになりたいと一心に精進《しょうじん》するものの、近づこうと思えば思うほどに、師匠は遠い存在になっていきました。

しかし、ある時「俺は師匠にはなれないし、ならなくてもいいんだ」と感じる出来事がありました。それ以来師匠のようにかっこよくも立派でもないけれど俺は俺。弱くても癖があっても決して自分を卑下《ひげ》しないぞと覚悟した日のことを思い出しました。

そんな思いで再び並べられた板を見ていると、穴のあいた板に自分を感じ、気づくと「あるがまま　あるがまま　そのまんま」と書いていました。

人間誰しも穴も傷もあるもの。健康そうに見えたって病気を抱えておられる人もあります。人は人を羨《うらや》んでいじけたらお終いだと思います。だから決して恨まず、憎まず、あるがままの自分と付き合っていくことが大切なのではないのでしょうか。

ちなみに、綺麗な板には「憧れを忘れずに」と書きました。

あるがまま
あるがまま
そのまんま
薬師徹奘

「命」という字を見つめていると

修行を始めた頃、先輩僧侶から「お経を学んでいる時に難しい言葉に出会ったら、無理やり理解しようとせず、文字や言葉が教えてくれるまで、その言葉や文字を眺め続けてみてごらん。必ず文字が教えてくれるから」と指導して頂いたことがあります。

その後、寺での修行がうまく行かず、生きていること自体が恨《うら》めしく思った時期があり、「一体、命ってなんだろう」と思い悩む日々が続きました。そんな時に先輩からの教えを思い出して、紙に大きく「命」と書いて眺め、答えを求めることとしました。

正直に言えば、本当に文字が教えてくれるのかなぁ、と半信半疑でした。しかし、追い込まれている私には言葉を信じるしかありませんでしたので、時間があれば眺めていました。

△と○と□と—で出来ている

そうするとだんだんと「命」という文字は「△」と「○」と「□」と「—」で出来ているのではないかと思え始めました。そこで、この異なる四つの要素を組み合わせて書いて出来たのが、今回の色紙に書いた「△○□—」でした。

そして、今度は自分の感得した「△○□—」の文字を眺めることとしたのですが、この異なる形の集合体こそが、たった一回の誰も代わってくれない、命そのものを表しているとまで思えるようになりました。

そして、この気づきが、修行に嫌気《いやけ》がさしていた私に「○」ばかり、つまり自分の都合の良いことばかりを求めてではダメだと諭《さと》してくれたのです。

人生は良いことばかりではありません。時には泣きたくなったり、逃げ出したくなることもあると思います。しかし、人生を豊かにしてくれるのは、決して良いこと（○）ばかりとは限りません。辛かった事（△）、苦しかった事（□）、後から気づくこと（—）

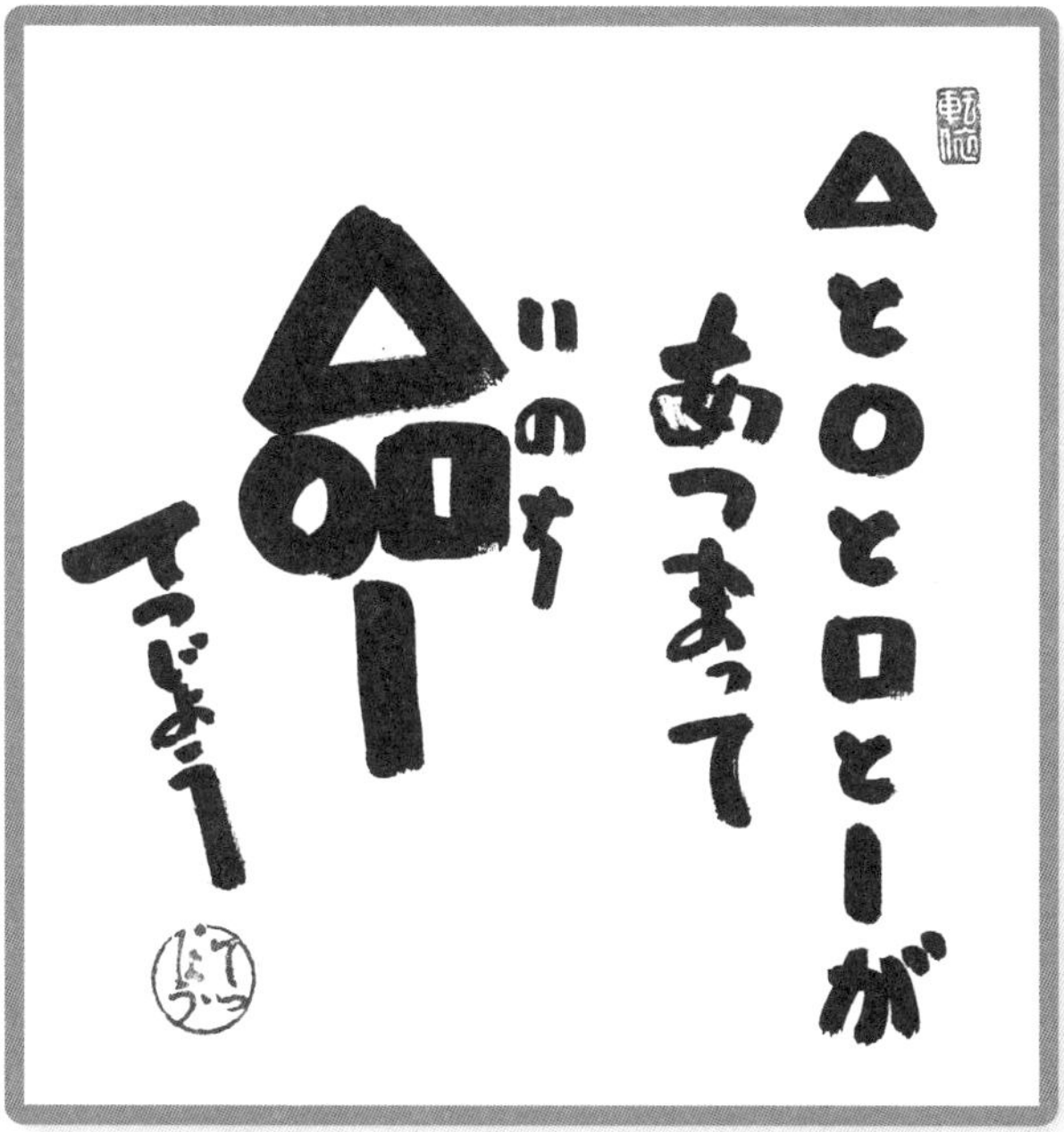

など色々な経験が人生を豊かにしてくれているのではないのでしょうか。そして、今では「命」とは喜《き》怒《ど》哀《あい》楽《らく》の積み重ねなのだと、私は受け止めています。

ちなみに小学生に「△○□｜」を紹介したら、一言、おでんと言われました。

ここまでと　思ったら　そこまで

薬師寺のご本尊である薬師如来様は、私たちの健康を司《つかさど》る仏さまとして全国の方々から篤《あつ》い信仰を受けています。お参りをなされる方の中にはお医者様からも見放《みはな》され、すがるような思いで祈っておられるお方やそのご家族も多くあります。そんな病に苦しむ方の中で、私が知り合ったAさんの生き方は実に素晴らしいものでした。

医者に、あと三カ月と言われ

出会った時の第一声は「徹奘《てつじょう》さん。実は私、末期ガンなんですわ。お医者さんから後三カ月といわれました。でももうそれから三年過ぎても生きとるんですわ」と笑いながら言われるのです。びっくりした私の顔を見てAさんは「自分の命は自分のもの。私は自分の命を医者に決められたくないんです。まだまだやりたいことが沢山《たくさん》あります。今は病院に行く他は自宅でできるだけ安静にしています。仕事は一日三時間だけ働きます。それでも天候の悪い日や体調が整わない日は、決して無理はしません。私には家族を守らなければならない責任があります。また孫が結婚する姿を見て、『おめでとう』というのが私の夢なんです。だからその日まで死ねないんです」と覚悟をされた顔つきで話をしてくださいました。

私も僧侶という勤めがら、多くの苦しみを抱えて生きておられる人との出会いがありますが、その多くの方々は「苦しい時の神頼み」状態で薬師寺をお訪ねになって来ると言ってよいと思います。特にガンなどの病気を告知された方はお医者様の言葉に意気消沈《いきしょうちん》して自暴自棄《じぼうじき》になっておられる方もあります。そんな時に私はAさんの話をした上で、「自分からいじけたらお終《しま》いですよ。心が弱れば病気が図に乗ります。でも心強く生きれば病気も大人しくなりますよ」と伝えるようにしています。

これは日々の生活でも同じだと思います。たった一度の自分。誰も代わってくれない人生。だからこそ決してあきらめない生き方が大切だと私は思います。

ちなみにAさんは、今も毎月お薬師様にお参りされています。

何をそんなに　あせっているの

健康増進のため、昨年の秋から時間を作ってはプールに行っています。私は十歳まで重度の小児喘息《しょうにぜんそく》でした。小学校時代のプールの授業をほとんど休んでいましたので、泳げませんでした。

「泳げるようになりたい」

今、通っているプールでは、小学生を対象とした水泳教室が行われています。初めて見た時に浮具《うきぐ》を付けていた子が、半年ほどで上手に泳ぐのを目《ま》の当たりにし「すごいなぁ」と思いながら、泳げない私は隣のレーンを歩いていました。しかし、その上達していく子供たちを見ていて、「泳げるようになりたい」と、欲がわき挑戦するものの、やっぱりうまく泳げません。

正直、私はあせっていました。泳げない恥ずかしさが、そうさせていたのだとも思います。ただ手足をバタバタさせていました。そんな時に、水泳教室の先生が生徒に対して、「あせらないで、一つひとつの動作を確実に」と指導している声が聞こえました。

その声を聞いて「恥ずかしいのは、泳げないことではなく、泳げるふりをしていることだ」と気付けました。

そして、その時から息継ぎや手足の動作を確認しながら、丁寧に泳ぐことに努めました。おかげさまで、現在では百メートル泳ぐことを目標にできるほどになっています。

「物事を最初から上手にできる人はいない」

そのことはわかっているのですが、自分の事となるとあせりが生じてしまうのが人間だと思います。人間あせって良い事は何もないと思います。今まで私はあせりが原因で何度も大きな失敗をしてきました。ですから、日頃からこの言葉を自分に言い聞かせ、あせりを鎮《しず》めるようにしています。

鬼《き》顔《がん》仏《ぶっ》心《しん》

薬師寺には病気平癒《へいゆ》を願う方々が多く参拝されます。中には手術をすれば治る病気であるにも関わらず、手術が怖くて病気を悪化させてしまう人がいます。そんな方に師匠・高田好胤《たかだこういん》和上《わじょう》は「手術はお医者さんにとっても必ず成功するという保証のあるものではありません。できれば命に関わるものならば避けたいとも思われることもあるでしょう。しかし、その時に患者さんを救いたい一心で覚悟を決め手術をされるのです。これを「鬼手仏心《きしゅぶっしん》」というのです。」と話されていました。私はこの「鬼手仏心」という言葉を「鬼顔仏心《きがんぶっしん》」と言い換え、母に感謝する言葉とすると同時に、私自身が人と接する時の精神的支柱の一つにしています。

喜寿《きじゅ》を迎えた母は、今ではやさしいおばあちゃんになっていますが、私が小さい時にはそれはそれは厳しい人でした。これは私を一人前に育てたいという母心《ははごころ》だったと思うのですが、未熟だった私は「怒られている」とか「うるさいなぁ」程度にしか受け止められなかったのです。あまりにも厳しい母に対して不遜《ふそん》にも「いなくなれば良いのに」とか「早く死ねばいいのに」とまで思ったことがあります。

相手を思うなら時として嫌われることも

しかし、私も人の親となり、寺の中では後輩を指導し、世間様においては僧侶として人の道を説く立場とならせていただき、初めてあの怖かった母の顔の内側には「母心」という「仏心」が満ち溢れていたのだなぁと思うようになりました。人は誰しも嫌われることは好まないと思います。しかし相手のことを心底思い願うならば、時として嫌われる自分にならなくてはならないのです。

現代社会を見回してみると、人に見せる顔は笑顔であっても、その内側は身勝手な自分を貫《つらぬ》く鬼の心、つまり「仏顔鬼心《ぶつがんきしん》」の人が多くなっているような気がします。親が嫌われたくないと子供の機嫌をとり、先生や職場のリーダーが保身だけを考え、大切なものを大切だと伝えきれない。これが日本民族の劣化の要因の一つだと思います。

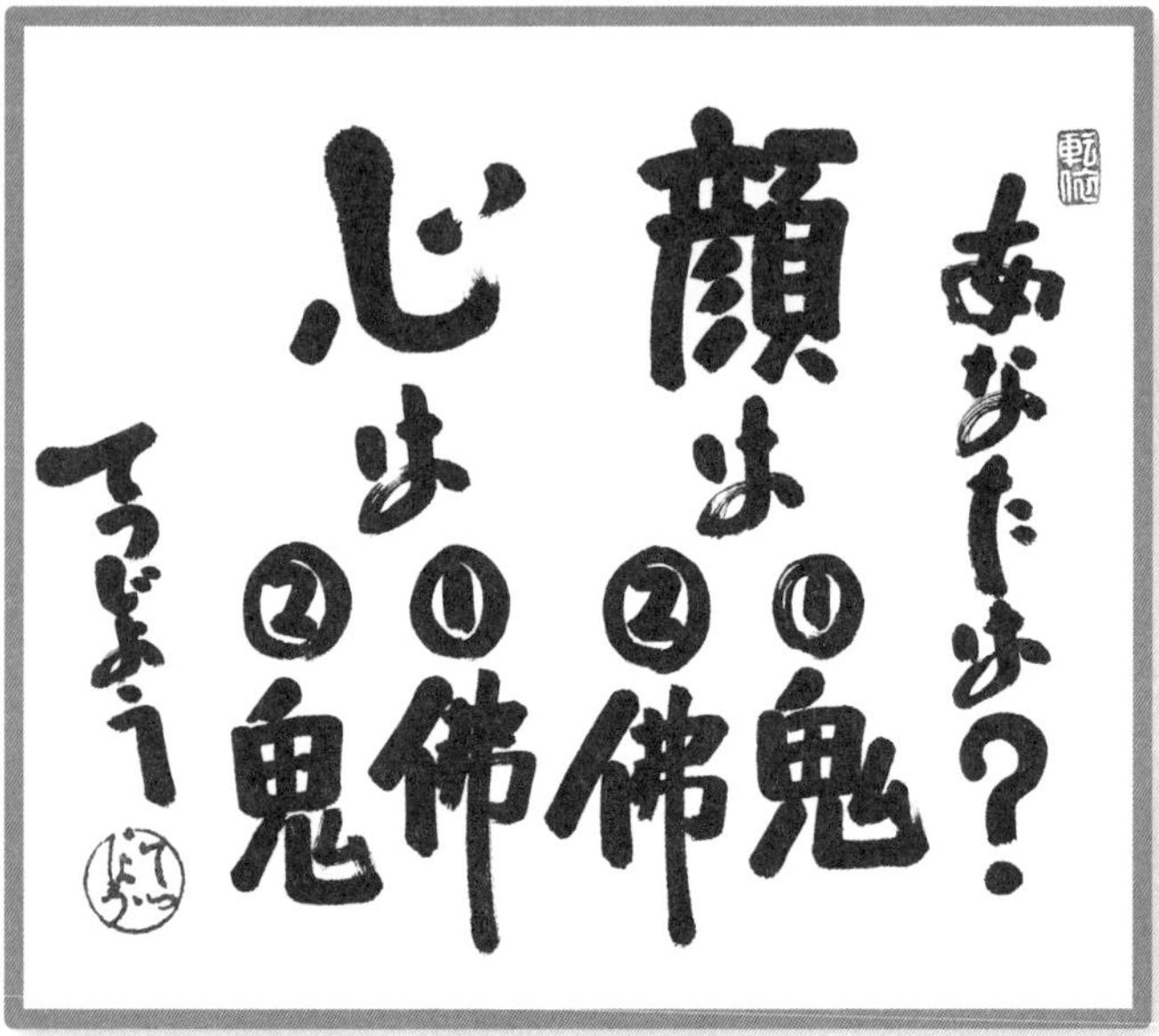
あなたは？
顔は①鬼②佛
心は①佛②鬼
てつじょう

今こそ私たちは何が大切かを再考し、一人一人が自分を超えた未来を願わなくてはならないと思います。その時に身につけたい心の姿勢が「鬼顔仏心」であると私は思っています。

三年先の　自分を見つめて
今日一〇〇〇分の一の　努力をしよう

十七歳で薬師寺に入り修行を始めると、それまで外側から見ていたものとは全く違い、日々これ「我慢・辛抱・忍耐」でした。逃げ出したくても自分が選んだ道なのでそれも叶《かな》わず、ことわざに「石の上にも三年」とあるので、とりあえず三年は我慢しなくてはと思っている内に、いつの間にか三十年を超えていました。

「石の上にも三年」ということわざを『故事・俗信ことわざ大辞典』（小学館）で調べてみると「冷たい石の上でも、三年すわり続ければ暖まるの意から、たとえつらくても我慢強くがんばれば、やがて報われるということ」と解説されています。たぶん読者の皆様もこのように受け止めておられると思います。しかし、最近のすぐにキレるといわれる人々に、このことわざは通じるのでしょうか。

ある時、このことわざについて話をしていると、この言葉は「我慢」することを説いているのではなく、「一〇〇〇分の一の努力」をしようという励ましの言葉だ、と教えられました。

中学生時代に習う英語を、一日でマスターすることはできません。十日でも不可能。英語だけにかかり切ったとしても一〇〇日では無理でしょう。でも一年を三六五日として三年で一〇九五日それを一〇〇〇日と考え、一〇〇〇日かけてと言われるならば、最初から無理だと否定せずに、頑張ってみようかと思えるのではないのでしょうか。

『法句経《ほっくきょう》』の中に「ポタンポタンとしずくが落ちて器を満たすように、善き行いをした者は善に身を染める。ポタンポタンとしずくがたれて器を満たすように、悪しき行いをした者は悪に身を染める」と説かれています。これは意識もしないような小さな行いでも、積み重ねていくうちにその行い通りの人格が育っていくことを教えてくれているのです。

現代に生きる私たちは何事に対しても直に答えを欲しがります。しかし本当に大切なものは決してあせらずに、三年先に花咲く自分を見つめて、今日一〇〇〇分の一の努力をする。これが大切なのではないでしょうか。

弱いから　迷いが　あるから　一生懸命

この言葉は、修行が本当に辛く「いつやめよう」「いつ逃げよう」かと思い悩んでいた時に手帳に記したものです。

今では「やめたい」とか、「逃げたい」という、極端な弱さや迷いは無くなりましたが、何か事を勤める時に「まあいいや」とか、「自分には関係ないか」などと思ってしまう、弱さや迷いはあります。

私は心というものは、坂道の途中に置かれたボールのようなものだと思っています。ほっておけばそのボールは自然と下の方へ転がって行きます。そして転がり続ける程にそのスピードは増していきます。それと同じで私たちの心も自然に弱さや迷いの方へ転がり、更に弱く、更に迷ってしまうのではないのでしょうか。

では、心を弱さや迷いの谷へと転げ落とさないためには、どうしたらよいのでしょうか。私は、人々の心に幸せの種を蒔《ま》いておられた師匠高田《たかだ》好胤《こういん》和上《わじょう》に憧れ、僧侶の道を歩き始めました。しかし、私に見えていたのは華やいだ師匠の姿だけで、一つの道を歩き続ける為に養ってこられた覚悟は見えていませんでした。ですから衣さえ付ければ自分も師匠のようになれる、そんな程度の気持ちでした。確かに衣をつけた私は見た目だけは僧侶となれましたが、覚悟が弱いどころか、覚悟が無かったので、いつの間にか自分の弱さと迷いで、自分を苦しめるという状態になっていました。

「何をしたいのか」「出来ることは何」

それでもなんとか今まで歩き続けられました。そのおかげで今では自分の弱さや迷いで自分を苦しめたくないと思うようになり、繰り返し「何をしたいの」「出来ることとは何」と、心を静めて自問自答するようにしています。

人間の可能性は無限です。しかし、一生の中において出来ることには限りがあります。そんな存在の自分であることを理解して、一生懸命にゆれる心を整えながら歩かなければ、弱さや迷いの幅は広がる一方になってしまうと思います。

弱い自分に出会った時が　強い自分になるチャンス

人生は楽しいことばかりではありません。どうしようもない苦しみ、例えば災害、事故、病気等に直面することが多々あります。

そして、その避けることのできない苦しみに出会った時に出てくるのが、その人の持っている本性だと思います。私などは、人前では綺麗でカッコいいことばかり言っていますが、少しでも苦しみに対面すると、すぐに「何故だ」という疑問の言葉や、「逃げたい」「嫌だ」という否定語ばかりが口をついて出てきてしまいます。

しかし、不平不満の言葉を繰り返して幸せになれるならそれでもよいでしょうが、現実はそうはいきません。

寺での生活も三十年が過ぎ、五十歳を越えた今日、「弱いのは本当に悪いのか」と思うようになってきました。いつの間にか「弱い」＝「悪い」と思い込んでいますが、実は「弱い」＝「今の自分」と置き換えたなら、「強い」＝「未来の自分」になるのではないのかとまで思えるようになったのです。

以前ある運動選手が足を怪我《けが》した時に、「弱い方の足をかばうのではなく、弱いからこそ弱い足を鍛え強くするのだ」と言った言葉を今も覚えています。

一病息災で長寿をいただく

病気についても同様で、「一病息災《いちびょうそくさい》」という諺《ことわざ》がありますが、病気だからと言って自分を弱めるのではなく、誰だって病気になるのだと立ち向かうことによって、他の病気にならず長寿をいただけばよいのです。

多分、強い自分と言える日は永遠に来ないように思います。しかし、自分は弱いといじけるのではなく、強くなるためのチャンスなのだと受け止めれば、決して「弱い」も悪いばかりではありません。

クレームも　素直に聞けば　自分を強くする

私は僧侶という勤め上、人様の前で話をさせて頂く機会が多くあります。話をするのは非常に難しく、細心の注意を払っているのですが、受け止める方によっては言葉遣いが気に入らないと、ご指導を頂くことが時にあります。若い頃はその指導に対して、今はやりの言葉でいえば「クレームがきた」程度でしか受け止めることができませんでした。ですから「うるさいなぁ、こちらの気持ちもわからないで」と、逆に自分の心を堅くしていました。

烈火の如くに怒鳴られて

今から十年ほど前、私の言葉遣いが気に入らないと、法話の後に控室まで訪ねてこられた方に、烈火《れっか》の如くに怒鳴《どな》られたことがあります。

その時、私は素直にその人の真意を受け止めることなど全くできず、それをきっかけにあえてその言葉を使ってきました。もちろんそれからも何度かその言葉に対しての注意を受けましたが、言い返すだけの理論武装もしていました。

過日、またもやその言葉に対する思いを私に伝えに来られた方がおられました。その方は他の方と違ってすごく優しい口調で「先生の話は、あの言葉をお使いにならなければ、私は全部好きでした。残念です」と切々と語って下さいました。

私はその言葉を聞いた瞬間、「しまった」と思うと同時に、今まで意地を張り続けていた自分が恥ずかしくなりました。素直になれなかった私は、自分で自分の価値を下げていたのです。

その出来事から私は、どんなに厳しい言葉を頂いたとしても、その中に自分を育ててくれる大事な教えがあると受け止められるようになり、その思いを忘れないように「クレームも　素直に聞けば　自分を強くする」と手帳に記し、持ち歩いています。

体《たい》解《げ》大《だい》道《どう》

先般、薬師寺で人形浄瑠璃《にんぎょうじょうるり》の人間国宝・竹本住大夫《たけもとすみたゆう》師匠の奉納《ほうのう》がなされました。残念なことに師匠は数年前に脳梗塞《のうこうそく》になり、言葉が出にくいという障害をもたれています。奉納に際してご挨拶《あいさつ》にうかがってお話をしている時、師匠がご自身で「口が重たい」と言われるように、その話し方には多少の違和感がありました。

しかし、ひとたび舞台に上がられると、後遺症があることなど微塵《みじん》も感じさせない、それはそれは素晴らしいものでした。奉納舞台の後、正直に「ご挨拶させて頂いた時に抱いた心配は全く無用でした。失礼な言い方かもしれませんが、別人のようで本当に驚きました」とお伝えすると、師匠が一言「筋肉が覚えているんですわ」と仰《おっしゃ》られました。

そのお顔とお姿からは、心を律し一つの道を精進《しょうじん》し続けてこられた方だけが見ることのできる世界があることを教えて頂きました。

お経の一節に「心は工《たくみ》なる画師《えし》の如し」とあります。

これは、自分が不浄な心を使えば目の前には不浄な世界が、自分が清らかな心を使えば清らかな世界が目前に広がるということです。

しかし、私たちは心というものに対しての意識がうすく、その重要性どころか、その存在にも気付けず生活している事が常でしょう。だからこそ、仏教では心の存在を認識し、更にはその心が暴れぬように訓練することが重要だと説いています。

更にその心を磨き続けていくと、心を働かせずとも自然に自分の行いがととのい、より良い自分を勤められるようになるとも説き、それを「体解大道《たいげだいどう》」という言葉で表しています。住大夫師匠は正にこの「体解大道」のお姿でした。

人間はとても弱い生き物だと思います。特に自分に対しては甘さがあります。

今、私たちは自分の心の存在とその重要性をしっかりと認識し、心の訓練を繰り返さなければ、個人はもとより、国全体が厳しい世界を描き出してしまうのではないのでしょうか。

老驥《ろうき》伏櫪《ふくれき》　志在千里《しざいせんり》（老驥《ろうき》櫪《れき》に伏すも　志《こころざし》は千里に在り）

先般テレビで、「三国志」に登場する後漢末《ごかんまつ》の名将・曹操《そうそう》の特集がありました。そして晩年の曹操が「歩出夏門行」という詩の中に「老驥伏櫪《ろうきふくれき》　志在千里《しざいせんり》」という言葉を残していると語っていました。

この言葉は、駿馬《しゅんめ》が年老いて今は走れなくなってはいるが、千里を駆け抜けるという志《こころざし》は老いてはいないというもので、晩年の曹操が自分自身を年老いた駿馬に重ね合わせて、詠ったものです。

実はこの番組を見るまでこの言葉が曹操の言葉だとは知りませんでした。しかし、この言葉は私の大切にしているノートに記されているのです。なぜならば、私の師匠高田好胤和上《たかだこういんわじょう》が、晩年に良くこの言葉を揮毫《きごう》されていたからです。

「薬師寺を頼むぞ」

師匠が病気に伏される前、弟子たちを集め一人ひとりの名を呼んで「薬師寺を頼むぞ」と仰《おっしゃ》ったことがあります。その時に「元気な師匠が何を言っているのだろう」と違和感をおぼえながら、その言葉を聞きました。

しかし、今思えばあれほどのご修行とご精進をされたお方であります。きっと自分に迫りくる病や死についてよく知っておられたのだと思うのです。だからこそ弟子たちに遺言のような言葉を伝え、更にはその心を曹操に倣《なら》い「老驥伏櫪　志在千里」という文字に書き示され、私たちに伝えられたのだと思います。

五十歳を越えて、私を教え育て励まし、支援して下さった方々も老齢となられ、中には見送らなければならないということが多くなってきました。その人の老いや死に出会った時に強く感じるのは、人は命の尽きるその瞬間まで、決して志を萎《な》えさせてはならないということです。

人生の最後に前向きな志が存在すると、その志が人々を感動させ、人々に生きる喜びを与え、更には残された人々の生き方をも変えるからです。

師匠は、衰える自分に対して、体は衰えようとも、決して志は衰えてはならないという生き方を実践されたお方です。その姿に憧れて私は弟子を続けさせて頂いたといっても過言ではありません。私の人生を道づけたものは、師匠の高い志だと思います。

師匠はレジェンドになられました。その師匠を通じてひしひしと感じるのは、伝説の人には伝説となる決して萎《な》えることのない志があるということです。

うしろ姿を拝まれる　そんな自分になりたい

　I君と再会したのは、二年前と同じ刑務所の面接室でした。久しぶりに会った彼は、別人のように、優しい顔になっていました。自らの努力はもちろんのこと、同所での教育が功を奏し、彼は劇的な転換をしていました。

「今の自分を作ったものは何なのか、日記を書きながら考えてごらん。必ずその種が見えてくるから」と私に指導されたことを忠実に守り、二年間日記を書き続け、自分と向き合って来たそうです。

　そして、ついに自分の中に「不必要なプライド」という苦しみの種があることに気づいたと言うのです。

　お経を学ぶと人間の一番の欲望が「評価されたい」であると知り得ます。更にそこからは「評価を下げたくない」という心も出てくるのです。そして、これらの心が、中身の伴わない体裁《ていさい》だけの自分を育て、彼の言う「不必要なプライド」が幅を利かせる引くに引けない自分を育て、自分で自分を苦しめるのです。これは人生を苦しめる一つの方程式ともいえると思います。

I君は自分の中にあるその根本的な人間の弱さに気づいたのです。

これは本当に凄いことだと感じ入りながら談笑していると、急に彼から笑顔が消え真顔となって「どうしたら不必要なプライドを無くせますか」と尋ねてきました。

彼は今、無くしたいけれども、無くせない不必要なプライドと戦っていたのです。すかさず「不必要なプライドは減らすことは出来ても、そのすべてを無くすことは出来ないよ。でも自分にそんな心があると知って生きるのと、知らずに生きるのでは、全く違った人生になる。この気づきを忘れず素直に生きることだ」と答えました。

「無くせない」と聞いた途端、彼から緊張が解け、安堵感《あんどかん》が滲《にじ》み出てきました。彼の顔から優しさに加えて、凛々《りり》しさも感じました。「人間は変われる」ということを、目の当たりにすることが出来た、凄い再会となりました。

彼は受刑者から求道者になっていました。私は部屋を出て行く彼のうしろ姿に、掌を合わせました。

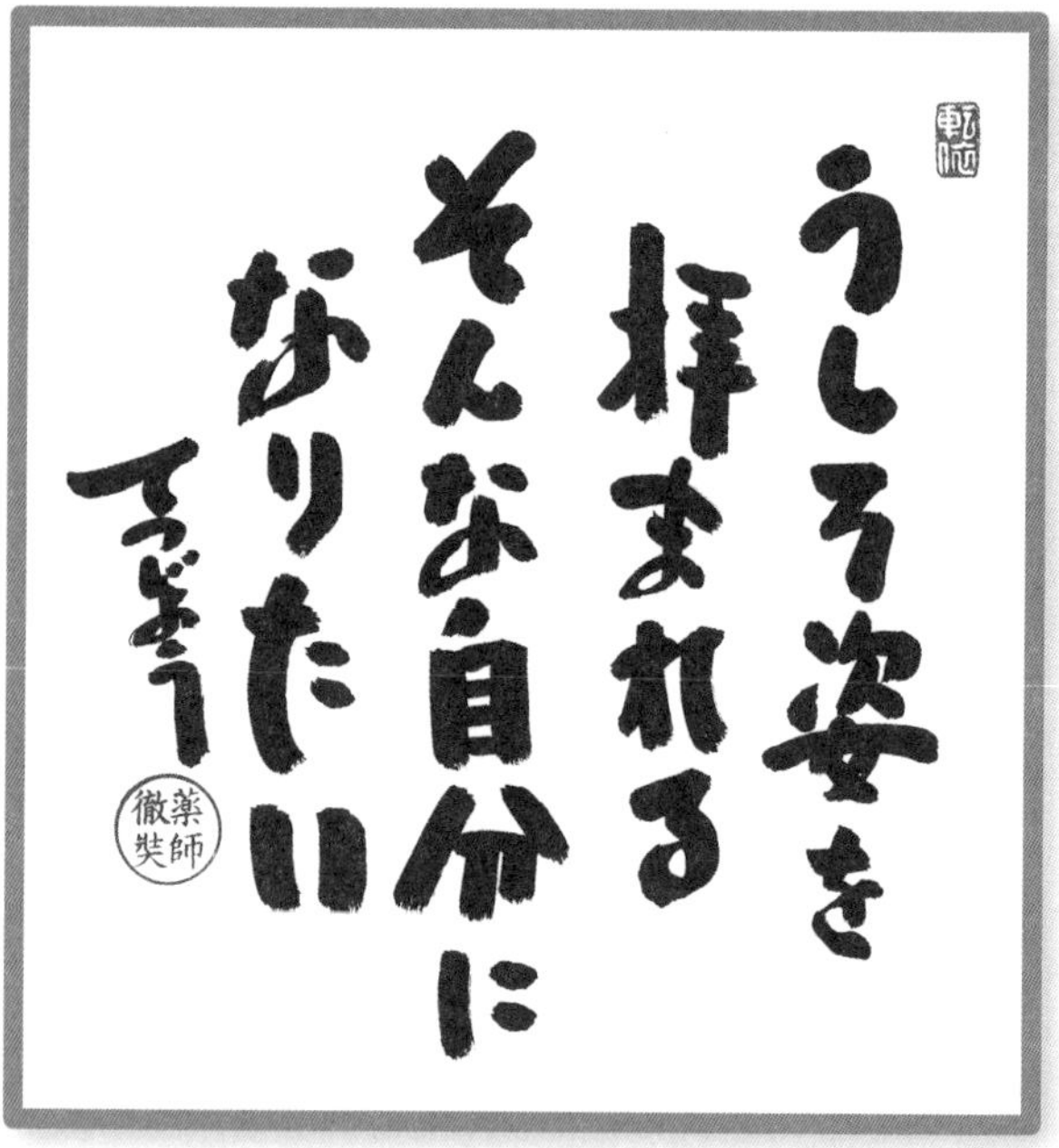
うしろ姿を
拝まれる
そんな自分に
なりたい
てつどう
薬師徹奘

第3章

「幸福の国」の不変の真理

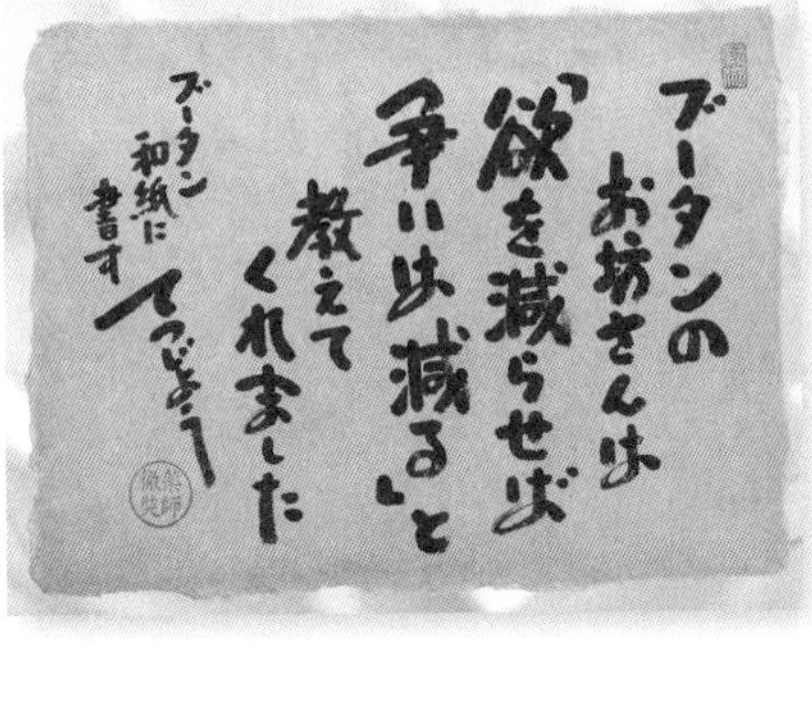
ブータンのお坊さんは「欲を減らせば争いは減る」と教えてくれました
ブータン和紙に書す
てつじょう

ブータンを訪れて

仏教など時代遅れだと耳を貸さない人たちにも、どうやったらお釈迦《しゃか》さまのこの教えを伝えることが出来るのか。法話を聴いてもらえるか。それに腐心《ふしん》してきました。それには分かりやすく面白く説くこと。さまざまな職種、年齢、境遇に合わせ、その場その人に合わせて届ける法話。仏教を現代人に近づける、つまり、仏教の現代化をずっと求めてきました。これこそが「徹奘説法《てつじょうせっぽう》」と呼ばれるようになった私の法話でした。

震災後、法話は一切適用せず

名説法師であった師匠高田好胤和上《たかだこういんわじょう》に憧れ、修行をはじめて、多い時は年に四百回、全国での法話や講演で、多くの人々に「幸せの条件」と題して、

「幸せってなんだろう」

「どんな生き方をすればよいのだろう」

という、誰しもが抱くこの難問に対し、私自身が仏道修行で学んだことをヒントとして、聴聞者自らが答えを出してほしいとの思いから、これまで何千回と話をしてきました。この信念でずっと走り続けてきた私の目の前に、とてつもなく巨大な壁となって立ちふさがったのが、二〇一一年三月に起きた東日本大震災でした。

大震災発生後、いたたまれない思いで、多くの人が被災地に駆けつけていました。私もその一人として、大震災から二十八日目に被災地に入りました。大震災で東北がどういう状況になったのかは説明する必要もないでしょう。言葉を失う光景。まさにその一言に尽きる被災状況でした。

寺での法務や法話行脚《あんぎゃ》の合間を縫い、被災地へは震災後の二年間だけでも延べ百二十日通いました。なんとか法話を聞いたり、お写経をしていただくことにより、少しでも被災で荒れてしまった心を静めるお手伝いができたらという思いからです。

しかし、それまで私が築き上げてきた私の法話は一切通用しませんでした。大震災の現実の前に、これまで信じてきた自分自身が消えていきました。今までだって苦しい修行や辛いことなどたくさんありました。それでも、こんなに自分の存在の意味を根幹から揺さぶられる苦境に立たされたのは初めてのことでした。

答える言葉が見つからない

被災地では仮設住宅やお寺を訪ね巡り、被災者の人に集まっていただき法話をしました。ある時は何百人、ある時は十人くらいといろいろです。ある日、被災地のホテルの広間に二十人くらいの人が集まっていました。私が部屋に入っていくと皆さんがなごやかに談笑しているのです。私は思わず心の中で「被災が比較的軽かった人たちか、ひょっとしたらかろうじて免れた人たちが来られたのだろう」などと勝手に思いこみました。そこで、迂闊《うかつ》にも「この中で家や家族を失くされたかたはどれくらいおられますか?」などと聞いてしまったのです。聞いた後に私は言葉を失いました。全員が家を失い、家族を亡くされていたのです。

中には離婚後、二人の息子を父親の面倒を見ながら育ててきて、仕事場が高台にあったので自分は助かったものの、家は流され、家族全員を失い、しかも次男のご遺体は見つかっていないことを、涙ながらに伝えてくれた女性もいました。集まって下さった方のほとんどがそういうような人だったのです。

「私には生きている意味があるのでしょうか」

と問われました。しかし、私には答える言葉が見つからなかったのです。

想像を絶する試練を抱えた被災者に「生きるとはなにか」が伝えられない。逃げ出したいほど苦しみました。私の説いてきた仏教は、しょせん机の上の、平和な世の中ででの教えでしかなかったのです。

当時、私は茨城県潮来《いたこ》市にある薬師寺の東関東別院である潮音寺《ちょうおんじ》の副住職を仰せつかっていました。荒れ果てた廃寺寸前のお寺の立て直しを命じられ、草木が伸び放題の境内の草むしりから始め、東奔西走《とうほんせいそう》して復興させました。年間を通じても一万人は訪れない荒れ寺を、夏の行事五日間で一万人を超えて訪れてくださるお寺に甦《よみがえ》らせたのです。着手から六年目にして復興に一区切りをつけ、やっと軌道に乗ったと思った時に被災。敷地八千坪の寺は全壊に近い状態となりました。

実は潮音寺の復興を命ぜられてから、私には一つの大きな疑問がありました。それはお寺の復興に必要な資金を集めるのはよいのですが、お寺を維持するための活動の方が、人々に信仰心や生きることを伝える本来の役目よりも大きくなっていることでした。これでは、お金を集めるために仏の教えを使うことになるのではないのか。師匠の高田好胤《こういん》和上は薬師寺の復興が順調に進む中、「伽藍《がらん》栄えて仏法滅ぶ」になってはならないと強く仰《おっしゃ》っておられました。しかし、その師匠が心配されていたことを、弟子である私が率先して行っていました。更に寺が被災した時には、人々の心の復興よりも、お寺の復興の為の経済的な話し合いが繰り返されていました。

被災地では法が説けず、自分の寺ではお金の話ばかり。一体、自分は何の為に僧侶をつとめているのか。まったくわからなくなっていたのです。私自身が全壊に近かったのです。

そんな中、本当に有り難いことに、期せずして全国の方々が義援金を送ってくださいました。それを基金として、お寺は一年半後には最低限度の活動ができるようになりました。しかし、お寺は再び動き出しましたが、私自身は自分で自分を救うことが出来ず、正気を失った日々が続いていました。

「不変の真理」に救われた

自分の法話が自分にも無力であることを知りながら、それでも被災地へ通い続けるのは非常に苦しいことでした。それでも通ったのは、修行の中で「逃げるな。逃げないで続けることが修行だ」という教えを受けていたからです。この教えにかろうじて支えられながら被災地へ通ううちに、もう一度お釈迦さまの教えに向き合おうと思いました。すると経文《きょうもん》の「真理は不変（不易）である」という一文に出会ったのです。それまでの私はわかりやすく届きやすいようにと考え、迷いや悩みの例題は自分が体験したものを実例としていました。その自分の迷いや悩みを解決するために、仏教の現代化という御旗《みはた》のもと、私はいつしか「不変の真理」

から少しずつ離れ、自分勝手に経文を引用したり、理解するようになっていたのです。

時代が変わろうと、民族が変わろうと、どんな環境下にあろうと、決して揺らぐことのない真理。それこそが被災者に伝えなくてはならないものだと気がつきました。

そして、名説法師として知られた師匠高田好胤和上の法話が「不変の真理」に則《のっと》ったものであったことを、今さらながら再確認することとなったのです。

「現実から逃げないこと」

「残された者は亡くなった者の命を背負っていること」

「すべては限りある存在であると覚悟すること」

等、師匠からお聞きした言葉と共に、師匠が繰り返し伝えられていたお釈迦さまの教えである「自灯明《じとうみょう》・自帰依《じきえ》」（悲しくても苦しくても誰も代わってはくれない。自分自身を灯とし、それを信じて自分で歩んで行くだけ）こそが私の身につけねばならない「不変の真理」なのだと気がつきました。

私自身が「不変の真理」に救われたのです。そして、自分が「不変の真理」を学ぶことによって苦しみから救われたという実体験を語り、被災者が「不変の真理」によって苦しみから脱していただくことが大切だと念じることが出来たので、被災地を巡る日々を続けることが出来たのです。

私の説法が、少しずつですがやっと被災者の心に届くようになりました。仏教の「不変の真理」に立ち帰るということは、これまでの私のやり方である「仏教の現代化」ではなく、現代人が仏教の説く真理を身につけて生きる、つまり「現代人の仏教化」だったのです。

幸せの国、ブータンへ

そんな時、手にしたのがブータンに関する記事でした。

―これまで利権争いの元になるという理由から地下資源も発掘させないできた、心の幸福と豊かさを国是《こくぜ》とするブータンに変化が起きている。情報量が増えれば国民の欲望は際限がなくなるからという理由で禁止されていたテレビや携帯電話も解禁となり情報化が一気に進み、人心にも変化が生まれてきている―

といった内容の記事です。

ブータンは今、急激な勢いで押し寄せてくる経済という波にどのように対応しているのか。それを指導している僧侶は何を語っているのか。私の知りたい「不変の真理」や、経済最優先の現代人と仏教の関係を、ブータンでならば学べるのではないかと思った瞬間でした。

ヒマラヤ山脈の中にある小さな王国、ブータンという国をご存知でしょうか。九州ほどの国土に人口が七十万人、そのうちの一％に当たる七千人もの人が僧侶という敬《けい》虔《けん》な仏教国です。

二〇一一年に若き五代国王のワンチュク夫妻が来日して初めて知ったという方もいるでしょう。この時、ブータンが国民の心の充足である真の幸福をＧＮＨ（国民総幸福量）という概念で国家の指標としている国であることが大きな注目を浴びました。発展途上国が、経済発展よりも国民の心の幸福を国是《こくぜ》とする。そんな国が本当にあるのかと驚いた方も多かったはずです。貧しさを克服し、より豊かな生活を目指そうという経済発展は、発展途上国なら当然で、それが幸福へのステップであると考えるのも当然でしょう。

しかし、ブータンは違います。「貧しくても心の幸福を優先する」と国が率先して説いているのです。国のリーダーである国王のこのような考え方は、間違いなく仏教に由来するもの。ならばその王に仏教を説くブータンの僧侶とどうしても直に話がしてみたくなりました。

そんな思いに駆られた私に、二〇一三年十一月、薬師寺の法務でインド巡礼の後、隣国ブータンを訪ねる機会が与えられました。

日本を出発する前に、現在のブータンは昭和三十年代後半から四十年代の日本に似ていると教えられました。その頃、私は子供だったので当時の日本のことはわかりませんが、戦後の混乱期を脱して、新しい国の礎《いしずえ》をつくる活気に溢れ、貧しいけれども国全体が素直に一生懸命に生きている、そんな様相だったそうです。そんな国から感じるエネルギーを体験することも楽しみの一つにしていました。

ブータンへ到着した空港の税関から、現代の日本との違いを突きつけられました。ブータンでは、煙草《たばこ》の持ち込みになんと一本ずつに税金がかけられるのです。煙草を吸わない私はそんなことも知りませんでした。ブータンへの旅は、薬師寺や私とご縁のある方約五十人の団でした。煙草を持ちこむ人、持たない人、持っていると正直に申告する人とさまざまいます。それぞれ別々に税関を通らなければならなくなりました。しかし、待てど暮らせど正直に煙草持ち込みを申告した人たちが戻ってきません。税関がスローで恐ろしく手間取っている。そうすると、声があがってきました。「どうしてこんなにノロノロしているんだ！」と。

正直にいえば私も心の中でとてもいらついていました。団体のツアーではスケジュールの時間が大切だからです。しかし、旅のリーダーである私の言動が団の雰囲気を決めます。元来私は我儘《わがまま》で自分の思いを最優先する性格なのですが、ここでは「思い通りにいかないと、いらいらする」を私が実践している場合ではないのです。ここが私の修行の成果の見せ場でもありました。

私は思い通りにならない時、お釈迦さまの言葉が聞こえなくなることがあります。そんな時のためにいつも持ち歩いているのが『法句経《ほっくきょう》』です。ブータンの空港の税関で周囲のぼやきや怒りの声を耳にしながら、法句経の中に「賢者と愚者」が多く対比され、教えが説かれていることを思い出し、旅の中で今の自分とブータンを無意識に比較してしまうことが多々あるだろうと感じたので、その時に腹を立てたり、いらついたりしないように、旅の心得として

「比較して、愚者は一喜一憂。賢者は己を知る」

という言葉を作り、自分の思いを優先させてしまう旅だけは、決してしないと誓いました。

ブータン僧との対話

ブータンの首都ティンプーに次ぐ第二の街パロにある寺院での法要後、念願のブータン僧との対話が実現しました。相手をしてくれたのはタンディンとリンジンという二人の若い僧侶でした。

三十二歳のタンディンは七歳で、三十一歳のリンジンは十一歳で出家しているので、若いといっても二十年以上の修行経験を積んでいるのです。通訳を介して、寡黙《かもく》ながら

ら私の率直な質問や、時にはかなり突っ込んだ質問にも、臆するところなく明快に答えてくれました。

七歳で僧侶になるなんて、今の日本では考えられません。そこでどうして僧侶になったのか、親の意志だったのではなかったのかとタンディンに質問してみました。

「五人の子どもの中で一人は僧侶になってほしいという両親の願いが半分。あとは自分で僧侶になりたいと願いました。どうして僧侶になりたいと思ったのかといえば、子どもの頃から年に何度もお坊さんが家に来てお経を唱えてくれる姿を見て憧れていたからです」。

十一歳で出家したリンジンは、貧しい農家に育ち、牛飼いの仕事を手伝い、十一歳まで学校にも行っていません。三人兄弟の長男で、僧侶になるのは両親の願いだったが、自分でも願っていたと言います。

確かに仏教国ブータンでは僧侶には国からの庇護《ひご》があります。一日二回の食事は無料で、一定の修行を積めば月に五千円ほど支給されるようです。

しかし、情報化も進んできたブータンで、本当にお釈迦さまの教えだけで生きていけるのだろうか。彼らにどうしても「幸せとはなにか」「どんな生き方をすればよいのか」を聞かなくてはなりません。まさにそのためにブータンに来たのですから。

「必要以上に欲を持てば奪い合いになる」

はじめに私は「修行の中で一番大切にしている教えは何ですか」と尋ねると、「欲を無くすこと」と答えてくれました。しかし、今までの修行から欲が無くならないことを熟知している私は「あなたに欲はないの」と聞いてみると、「私も人間ですから欲はあります。しかし、出来るだけ少なくしています」との答えでした。

その時、私はふと目に止めたタンディンの時計を見てちょっと意地悪な質問をしました。タンディンの時計はベルトがおもちゃの様な黒いプラスチックの見るからに安価なものでした。

「もっといい時計をしている僧侶もいますが、よその人の持っているものを見て、もっといい時計をほしいとは思わないですか」と私は聞いてみたのです。

タンディンは私の目をまっすぐに見つめながらきっぱりと言いました。
「時計は時を知るためのものです。時計が欲しいと思う『私』というものはありません」。さらに、「誰かが必要以上に欲を持てば、必ず奪い合いになる。そうすると必ず争いが生まれるのです。だから必要以上に欲を持たないようにしなくてはならないのです」と。
これは正に仏教の説く「不変の真理」の一つである「少欲」の教え。やはりブータンのお坊さんは真理を指針に修行していました。

「幸せとは、平和。平和を壊すのは必要以上の欲」

その後も、いくつかの質疑応答を繰り返し、最後に、いちばん聞きたかった質問をぶつけました。それは幸せの国と呼ばれるブータンの人々にとって「幸せ」とは何かということでした。答えは即答されました。その答えを聞いて、私は思わず絶句しました。

タンディンの答えは一言「平和」。そして、「平和を壊すのは必要以上の欲です。だから、欲は必要以上には持ってはならないのです」と彼は明言しました。

帰国後すぐに、「あなたにとって幸せとは何ですか」というアンケートを二百人くらいの人にとりました。すると「自分が豊かになること」「誰かの役に立つこと」などといった答えがほとんどで、「平和」と答えた人は一人もいませんでした。

確かに日本には六十数年間戦争はありません。それでもあれだけ苦しんだ太平洋戦争から六十年程しか経っていませんし、東日本大震災やそれに伴う原発事故もありました。これも私たちの平和を奪いかねない大きな出来事でした。それでも「平和」という言葉が私たちの口にはのぼらないのです。そこからは己《おのれ》の欲だけに執着している私たちが見えてくるのです。

恥ずかしながら私にも「幸せ＝平和」という答えはありませんでした。実はこの平和に対する自覚の無さが、いざ平和を失った時、今の私で言うならば東日本大震災に直面した時に、自分を大きく狂わしてしまった原因だと知り得たのです。

ブータンの若き僧侶との対話は、私の迷いの根治治療のようでした。これを機に私の中が少しずつ変化をしはじめました。

初の高山病に教えられる「日々覚悟」

ブータン僧との対話の他にも、ブータンの大地、お出会いした仏さま、旅の中で出会った人から多くのことを学びました。

ブータンはインドと中国に挟まれたヒマラヤ山脈にある国ですから、とんでもない高地にもたくさんの寺院があります。標高三一四〇メートルに建立されたブータンを代表するお寺であるタクツァン寺院にも参拝しました。途中までは車で行きますが、そこからは約二時間馬に乗って登って行きます。高山なので空気が薄く、馬も酸欠で苦しそうな息づかい。さらに今度は自分の足で一度谷を下り、下った分だけまた登って行くと、断崖絶壁《だんがいぜっぺき》の山肌にへばりつく要塞《ようさい》のような大きな寺院にやっとたどり着きます。

私はここで生まれて初めて高山病にかかりました。激しい眠気と頭痛、吐き気と下痢に襲われたのです。いくら精神でしっかりしようと思っても、身体がまったく言うことを聞かない。力が入らないのです。これまでも病気の経験はありましたが、こんなことは初めてでした。健康であることがいかに素晴らしいか、自分の精神と肉体が一致するということがいかに重要であるか、そんな当たり前のことに気づかせてもらいました。

ブータンでは、タクツァン寺院の他三カ寺を参拝したのですが、すべてのお寺に共通していたのは、御本尊がすべてお釈迦さまのお悟りになった時のお姿であるということでした。お釈迦さまがまさに「この道を行く」と覚悟されたお姿です。生活環境が良いとはいえないブータンでは一つ自分の判断を間違えれば死につながります。だからこそ人々は覚悟して生きなくてはならないのです。仏さまはそのことをその姿に接するだけで教え諭しているのだと思いました。すべてがととのい幸せに生きている私たち日本人は、本当に覚悟もせず日々生きています。しかし、いつ厳しい状況下に自分を置かねばならない時が来るかわかりません。私はブータンの仏さまのお姿に「日々覚悟」という生き方を教えられました。

帰国の途に就くため、ブータンの空港で間違いなく「少欲」の真理が人々の心の中で生き、実践されているという場面に出合いました。

それは、旅の間、私が乗っていたバスの運転手さんが寒そうにしていたので、持っていた日本製のジャンパーをプレゼントした時でした。彼は満面の笑みで受け取り、すぐに着て見せてくれたかと思うと、仲間の運転手数人が集まっている所へ飛ぶように走って行きました。その様子を見て驚きました。誰ひとり彼を羨《うらや》むことなく笑顔で称賛しているのです。羨望《せんぼう》も妬《ねた》みもない笑顔。そこにはブータンの僧侶が教える「少欲」だけではなく、「随喜《ずいき》」（他人の喜びを自らの喜びの如く受け止める）の教えがあったのです。

これは、仏教の教えは必ず人々の心に宿るという証《あかし》であり、私の進もうとする道は決して間違っていないと確信できる瞬間でした。

仏教は社会の安全制御装置

ブータンでの体験から三カ月、自分で説き続けてきた「幸せの条件」を再構築するために、「幸せって何だろう」「どんな生き方をすればよいのだろうか」を問い直し続けてきました。

そこから出てきたものは、今まで私自身が「点」つまり「自分だけの救い」を求め、その観点でしか仏教を学んでいなかったということでした。それに気付くことが出来たので、今までの自分を無理やり肯定せず、経文《きょうもん》に「蛇が古い皮を脱ぎ捨てるように、人もまた古き思いを捨てねばならぬ」の教えに従い、「点」から「面」へと移行して、日本の国、経済、仏教等の在り方を、出来るだけ広く、高い位置から、素直な目で見つめてきました。そしてその中から見えてきたのが、

「国は車、経済はアクセル、仏教は安全制御装置」

という関係でした。

日本という車は、明治時代に安全制御装置である仏教を取り外し、さらに戦後は経済というアクセルだけを踏み続けてしまったのではないのでしょうか。その結果どの国よりも早く物質的世界の頂点には到達したものの、「もっと、もっと」という欲が、心を麻痺《まひ》させ幸せを感じさせなくしてしまったのだと、私は思います。

ブータンは今しっかりと仏教という安全制御装置を働かせていました。だからこそ私たちが感じなくなってしまった幸せを感じることが出来るのだと思います。

私はこれから現代人が外してしまった仏教の説く「不変の真理」という安全制御装置を、もう一度日本人に、その中でも特に仏教と接点の薄い子供たちに身に付けてもらうために、「現代人の仏教化」をさらにバージョンアップさせて「日本人の仏教化」をスローガンとして法話し続けて行こうと覚悟しています。

第4章

生きるための仏教の言葉

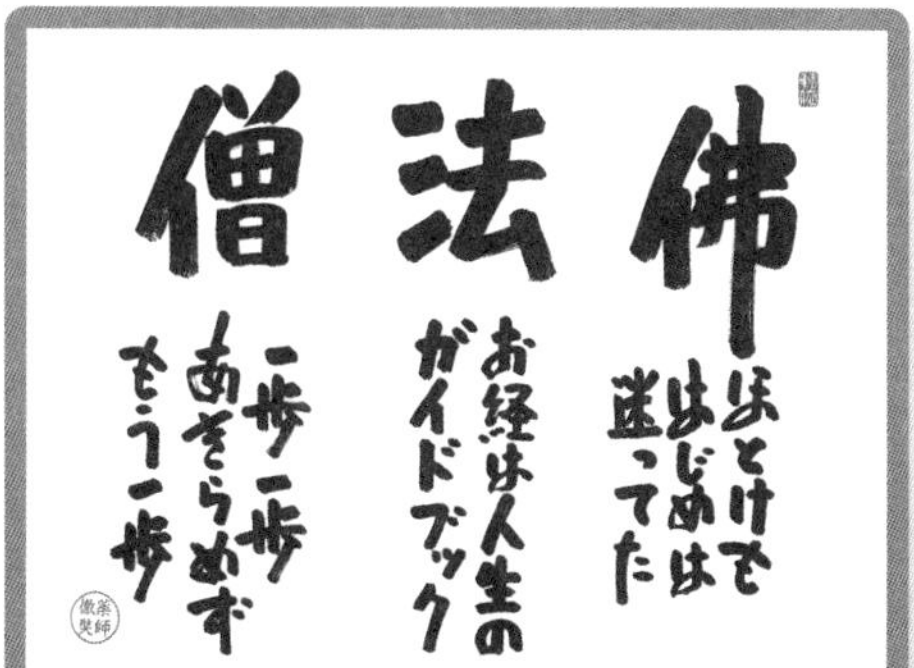
佛
ほとけでもはじめは迷ってた
法
お経は人生のガイドブック
僧
一歩一歩あきらめずもう一歩

仏　ほとけもはじめは迷ってた

仏教では、仏、法、僧の三つを三宝《さんぽう》と言います。このうちのどれが欠けても成り立たないほど大事なものだから、「宝」と呼ぶのです。まず、その中の「仏」についてお話ししようと思います。在家《ざいけ》の方々に「仏さまとは何か」と聞くと、仏像を思い描くことが多いようです。皆さんは仏さまにどんな印象をお持ちですか。

人に弗《なか》れ

私はよく法話でこんな説明をします。仏（佛）という字は人偏《にんべん》にム、「人に無」、「人に弗《なか》れ」と書きます。つまり、人が無になると仏です。亡くなった人も仏さまと呼びますね。お坊さんは仏ではありませんが、かといって、出家していますので普通の人とも言えません。ですから、人偏に曽《かつて》、「かつては人間だった」と書くと僧になります。

また、俗は人が谷に落ちている状態のように思えます。その谷から這《は》い上がって、無の境地に到達して仏になるのでしょう。

私は仏という漢字に人偏がついているところがありがたいことだと思います。人偏がないと仏さまの教えは違う世界のものになって、私のところにまで届かないかもしれません。しかし、人も仏も俗もすべて人偏の世界です。その同じ世界に生きているから、人間が一生懸命修行をすると仏になれる。そこに仏教のよさがあるのではないかと思います。

『薬師経』などには仏さまの別名として「調御丈夫《ちょうぎょじょうぶ》」という言葉があります。丈夫とは勇者のことですから、「調《ととの》えることに成功した勇者」が仏さまです。ということは、仏さまもはじめは自分を調えることができなかったということになります。また、仏さまを「覚者《かくしゃ》」と表現することもあります。「目覚めた人」ということで、今まで眠っていた人が目を覚ましたという意味です。これも、仏さまははじめから何もかもを悟られていたのではなく、やはり悩まれていたということです。私はそう気づいてから、仏さまが遠い存在ではなくなり、自分にもめざせる目標、あこがれとなりました。

仏さんは鏡だ

また私の師匠・高田好胤和上《たかだこういんわじょう》は「仏さんは鏡だ」とおっしゃっていました。鏡に向かって指をさすと、その指は私を指さします。指をさしているつもりが、実は向こう側から指さされている。たとえば、私たちは誰かの失敗を見て笑うことがあるでしょう。それは、他人ごとだから笑うのです。しかし、そこで「それじゃおまえはどうなんだ」と問い返されると、絶句してしまうこともあるのではないでしょうか。つまり鏡に映して見せていただく、自分のこととして気づかせていただくことが仏さまの教えなのです。

気づくと気づかないでは、行動が違ってきます。誰かが道にタバコを捨てるのを見たとき、それが道路を汚すことだと気がつけば、自分はそんなことはできなくなります。しかし、気がつかなければそのまま見過ごしてしまうでしょう。

お釈迦《しゃか》さまも、悩み、苦しんで、家や財産を捨て、家族を捨てて歩き出された。そして、歩き出した中で気づいた。気がついたから仏となって、迷う人の悩みを聞くことができるようになったのです。悩んだり、迷ったりしていたのは、私たちと同じです。つまり、私たちも仏さまのような境地に達することができるのです。ですから、仏さまをめざしてしっかり歩いていきましょう。

【仏】①釈尊をさす。②一般的に悟りを開いた人のこと。③仏像のこと。④仏法のこと。（以下略）（『例文仏教語大辞典』小学館）

法　仏の教えは人生のガイドブック

仏さまの教えを「法」と言いますが、私はこの文字自体に仏さまの教えが表わされていると教えていただきました。法は「さんずい」に「去」、つまり「水が去る」と書きますね。

たとえば、川はいつも同じように水が流れているように見えますが、今というこの瞬間に流れている水はもう二度と流れてきません。同じように、世の中のあらゆるものはとどまることなく移り変わり、「絶対」と言えることはないでしょう。私たちの肉体も絶対的なものではなく、どんどん死に近づいています。そのような諸行無常《しょぎょうむじょう》を説いたものを法という文字で表わしたと言うのです。

さて、迷っている人に出会ったときにお釈迦《しゃか》さまがいろいろと説かれたことが「法」であり、それを弟子たちが文字として体系的にまとめたものがお経です。私はこれを旅行にたとえてお話しします。北海道へ旅行をしようと思ったとして、そこに行ってから観光するところを決めるようなことはしないでしょう。事前にガイドブックで調べて、どこに泊まろうか、何を見ようかと決めてから出発しますね。人生も同じです。人生という旅の中には人間としての迷いがたくさんあります。お経にはそれに対する答えが書かれているのです。いわば、お経は人生のガイドブックで、お釈迦さまが示してくださっている道しるべと言えるでしょう。

人間観察の記録でもある

もちろん、お経は亡くなった方を供養《くよう》するときにも唱えますが、本当は生きている私たちが読むことに意味があると思います。それは、お経がお釈迦さまの人間観察の記録とも言えるからです。たとえば、お釈迦さまは人間をじっと見つめていって、「人間は欲深い」とか「うぬぼれるものである」などと気づかれた。それを「煩悩《ぼんのう》」と呼んだのではないでしょうか。こう考えていきますと、二千五百年前のお釈迦さまの時代も現代も、人間は本質的には変わっていないのではないでしょうか。ですから、私たちがお経を読んでもうなずくことが多いのです。

さらにお経を読むことで自分が変化していくこともあります。

私が使っている数珠《じゅず》は十七歳のときにつくったものです。これはきちんと手入れをすると、子や孫の代まで使えます。でも、私は目移りして、いろいろな数珠を手に入れて、この数珠を使わずにいたことがありました。手入れをしなければ数珠はカビだらけになってしまいます。

そんなある日、『法句経《ほっくきょう》』を読んでいると「人間にはむさぼりの心がある」と書いてありました。そのとき私は気づいたのです。「たとえ数珠をたくさんもっていたとしても、使うのは一つだけ。あとは結局手入れもせず、カビだらけにしてしまっているではないか」。

お経を通して数珠を見たときに、自分のむさぼりの心が見えました。本当に必要な数珠は一本だけ。それを大事に使えばいいとわかったのです。

このように、お経の言葉一つからでも自分に当てはめて考えてみると、いろいろなことが見えてくるものです。すると、いのちや物に対する考え方が変わっていくんですね。

【法】①一切万有に通ずる理法。永遠の真理。②仏の説いた教え。仏法。仏教。また、三宝の一つ。（一部抜粋）（『例文仏教語大辞典』小学館）

薬師寺金堂をバックに

僧　共に歩いていく仲間

お経を読んだら、それを実践していくのが修行です。この修行という言葉にも仏さまの救いの心が表現されていると思います。「修正しながら行く」と書いて「修行」になります。つまり、「直しながら進んでもいいんだよ」と仏さまがおっしゃっているように思えるのです。私たちは正しいと思いながら歩いているうちに、いつの間にか間違った道を進んでいることもあるでしょう。そうしたら、修正していけばいいのです。

また、自分一人で歩いていたのでは、なかなか間違いに気がつかないかもしれません。あるいは、気づいてもごまかして直さないかもしれませんね。ですから仲間が必要になってきます。それが「僧」です。僧というと、一人のお坊さんのことを想像されるかもしれませんが、これは個人のことではありません。僧は僧伽《そうぎゃ》とか和合衆《わごうしゅ》とも言い、集団をさします。

ズレを修正することができる

人間はわがままで主観的な生き物ですから、つい自分が得になるように動いてしまいます。でも、同じ方向性をもった集団の中にいると、みんなに合わせて自分のズレを修正することができます。これが大切なことだと思います。

さて、これまでの話をまとめてみましょう。

仏を私たちの目標とすると、法は目標への道筋、僧は目標に向かって歩く人、ということになるのではないでしょうか。ですから、「どんなふうになりたいの？」「どうしたらいいの？」「誰がするの？」という三つの要素を一語で表わした言葉が「仏《ぶつ》・法《ぽう》・僧《そう》」ということになるわけです。

私たちは人生という道を歩いています。それは、仏という目標に向かって、法という教えを頼りに歩く道です。そして、一人では道を踏み外してしまうかもしれないから、注意してくれる仲間が必要となります。でも、歩くのは自分です。

歩くことは、一生懸命勉強しながら実践していく、ということです。「歩く」という字は「止まることが少ない」と書きます。ですから、止まらずに歩き続けましょう。自分で「ここまで」と思ってしまったら、「そこまで」しか進めません。もう一歩、踏み出す気持ちをもち続けたいと思います。

【僧】①和合して仏道を修行する四人以上の出家の集まりの意。男女ともに用いる。②転じて、仏門に入って修行し、教えを伝える比丘《びく》をいう。（『例文仏教語大辞典』小学館）

和合　心を開いて話し合う

私の師匠の高田好胤《たかだこういん》和上《わじょう》は「和」をとても大事にされていました。この文字の「のぎ偏」はお米を、「口」は食べることを表しているそうです。つまり、同じ田んぼで収穫されたお米をみんなで喜びながら食べている様子を「和」と言い、ごはんを食べるときにお互いがいろいろな話をするから「和《なご》む」と読ませる。師匠はそのようにおっしゃって、みんなで会話をすることの大切さを教えてくださいました。この話し合うという行為が和合《わごう》の根本だと思います。

ところが、最近はみんなで食事をすることが少なくなりました。家庭でも、同じ屋根の下に住んでいながら、食事をする時間はみんなが別々。企業でも、以前は先輩が仕事の後に「おい、行くぞ」と声を掛ければみんながついていったものですが、このごろでは「お先に」なんて帰ってしまう。これでは、お互いに心を開いて話し合うことができませんね。

インドの民族運動を指導したマハトマ・ガンディーさんは「非暴力」という態度を貫き通したことでも知られるように、対話を大切にされた方です。そして、対話する時には徹底して自分の心の内を吐露《とろ》したそうです。

考えてみると、自分をさらすことはとても難しいことです。人間はつい、自分が優位な方へ、得な方へと考えてしまうので、なかなか自分のすべてをさらけ出すことはできません。例えば、「ありがとう」や「ごめん」という言葉すらうまく言えないこともありますね。でも、何回も何回も対話を重ねることで、心の底から「ありがとう」と言えるようになる。そして、「一緒にいられてよかった」と思える。それを和合というのだと思います。

自分の悪い点も指摘してもらう

また、もう一歩踏み込んで言えば、和合によってお互いを磨き合うことが大事です。お互いに心の奥底をさらけ出すことができれば、相手の悪いところをしっかりと指摘することも、相手に対して「私に足りないことがあったら教えてください」と素直に言うこともできるのではないでしょうか。相手から自分の悪い点を言ってもらうのは、自分を向上させる一番のチャンスになります。

しかし、私たちには、誰からも好かれたいと思う面がありますから、人の欠点を指摘するのは怖いものです。でも、本当に相手のためを思うならば、悪いことは悪いと、きちんと言ってあげる。そして、そうやって、お互いに磨き合う仲になろう、というのが「和合」なのだと思います。

【和合】①異なったものが結合し、融けあって一つになること。②心を一つにして行動を共にすること。（一部抜粋）（『例文仏教語大辞典』小学館）

帰依　出会えてよかった

薬師寺では、お経のはじめに「三帰三竟《さんきさんきょう》」という誓文《せいもん》を唱えます。そこには「帰《き》依佛《えぶつ》　帰依法　帰依僧」と「帰依佛竟《きえぶつきょう》　帰依法竟　帰依僧竟」という言葉があって、それぞれを三回ずつ繰り返します。

帰依とは「あなたについて行きます」とか「おまかせします」という意味ですから、はじめの言葉は「仏さまについて行きます」「仏さまの教えについて行きます」「仲間と一緒について行きます」という誓いの言葉です。でもこれは、「今、ついて行きます」という刹那《せつな》的な誓いです。私たちは「こうしよう」とパッと決断することはできるけれど、それを継続することはむずかしい。つまり、「ずーっとついて行きます」とは、なかなか言えないものです。だから、「終わる」という意味の「竟」という言葉も一緒に唱え、終わりまで、つまり一生涯ついて行くことを誓うのです。

しかし、私には、この言葉の本当の意味がわかりませんでした。朝の勤行《ごんぎょう》でこの言葉を唱えるときも、心のどこかに「早起きはいやだな、帰依なんてできないよ」という気持ちがあったのです。そればかりか、「こんな自由な時代なんだから、お坊さんを辞めても生きていけるのじゃないかな」と思ったことも何度もあります。

初心を忘れないために毎朝誓う

でも、そのうちに気がついたのです。早起きはつらいけれど、朝の勤行に行くと、その日一日がすっきりと過ごせるんです。なぜかというと、張り詰めた朝の空気の中で誰にも邪魔されずに、その日の決心ができる。つまり、朝の勤行は決心をする時間なんですね。そして、毎朝、「仏さまについて行きます」と決心し、誓うのです。

私は高田好胤和上にあこがれて僧侶になったのに、ときには、「和上にさえ出会わなければ、お釈迦さまさえいなければ、こんなにつらい修行をすることもなかったのに…」と悩むこともありました。

でも、そこで「出会えてよかった」と思えることが「帰依」なのではないかと思います。つまり、「得がたい縁によってあなたに出会えたからこそ、あなたの教えに従って、私は歩いて行きます」と誓うのです。

ですから、帰依を「出会えてよかった」と読み替えてもいいんじゃないかなと思います。「南無《なむ》」という言葉も同じです。「南無阿弥陀仏」なら「阿弥陀様に出会えてよかった」。この気持ちが帰依であり、南無なのです。

そして、毎日「帰依」と繰り返すうちに、もう一つ気がつきました。「お釈迦さまは、人間が忘れやすいということを知っていたから、忘れないようにと何度も言わせていたのかな」と。

つまり、忘れやすい、流されやすい人間だから、初心や決心を忘れないために、何度も同じ言葉を繰り返す。「あなたが信じた人なのでしょう。信じたものを疑わず、ついて行きなさい」と、この言葉が教えてくれているように思えます。

【帰依】仏・法・僧の三宝を信じ敬うこと。（『例文仏教語大辞典』小学館）

貪《とん》瞋《じん》痴《ち》　自分中心という「毒」に気づけ

私はこれまでに、法相宗《ほっそうしゅう》だけでなく、いろいろな宗派のお経本を読ませていただきました。どのお経本を見ても、お経の前には「懺悔文《さんげもん》」というお経が書いてあります。その中に悪業《あくごう》として挙げられているのが「貪瞋痴《とんじんち》」です。

人は誰でも、相手を傷つけようとか、トラブルを起そうと思っていなくても、無意識のうちに相手にいやな思いをさせることがあるものです。それは知らず知らずのうちに自分の欲望を相手に押しつけているからではないでしょうか。

私たち人間の中にあるさまざまな欲望を、お釈迦さまは百八つに分類されました。それを煩悩《ぼんのう》といいます。しかし、そんなにたくさんある煩悩をすべて理解し、抑えていくのは大変なことです。そこで、煩悩を大きく三つにまとめたのが、この「貪」「瞋」「痴」です。これは「煩悩の根本」とされており、総称して「三毒《さんどく》」といいます。

では、その毒とはどのようなものなのでしょうか。

【貪《とん》】貪《むさぼ》りの心

一番目の「貪」という字は「今」に「貝」と書きます。よく似た漢字に「分」に「貝」と書く「貧」がありますが、意味はまるで違っています。この「貝」はお金を表わしており、お金があったけれどみんなに分けてなくなってしまったというのが「貧しい」です。それに対して今お金が欲しいというのが「貪《むさぼ》り」で、下に欲をつけると「貪《どん》欲《よく》」となります。要するに何でも欲しい、欲しいとねだる欲望の心です。

そしてその貪りの心はさらにつきつめていくと、単に「物が欲しい」でとどまらなくなってきます。その物をもっている人がうらやましい。だから、その人以上の物をもって、うらやまれるような自分になりたい。たとえばブランド品などの高級品をもつことで、相手から評価されたいと思うようになるのです。でも、その心が大きくなればなるほど、求め続けることになります。それでは「もっと欲しい」という欲望が満たされず、いつまでたっても欲求不満で、ちっとも幸せになれません。

【瞋《じん》】自分だけが正しい

二番目の「瞋」は腹を立てるということです。では、人間はなぜ腹を立てるかといえば、自分の思いどおりにならないからではないでしょうか。

人間は自分の範囲の中でしか物事を考えられないものです。そして、基本的に「自分は正しい」と思いたい。ですから、相手が自分と違うことを言ったときに、素直に受け入れることができず、「私の方が正しい」と思ってしまいます。これが「瞋」です。

私にもこんな経験があります。ある日、実家に帰る前に、「これから電車に乗る」と電話をかけると、兄が電話に出て、「じゃあ、二十分くらいだな。駅まで迎えにいってやるよ」と言ってくれました。ところが、駅に着いてみると兄はいません。そこでもう一度電話をすると、まだ家にいて、これから出ると言うのです。私は時間を気にするたちで、無駄な時間は一秒でももったいないと思ってしまいます。駅で何分も待たなければならないと思うと、すごく腹が立ちました。せっかく迎えにきてくれるという兄の好意を忘れて、「それならはじめから迎えにいくなんて言わなければいいのに」とまで思ったのです。

けれども、兄にもすぐに出られない事情があったのかもしれません。出掛けに電話がかかってきたり、お客さんが来ることだってあります。相手にも都合があると思えば腹は立たないのに、私はそれを理解しようともしなかったのです。

自分だけが正しく、間違っているのは相手だとしか思えないから腹が立つ。それが「瞋」の心です。

【痴《ち》】貪と瞋の根元

さて、最後は「痴」です。これは人間の愚《おろ》かさを表しています。

この「痴」という文字も「おろか」と読みますが、その上にさらに「愚」をつけると「愚痴」になります。私たちがつい愚痴をこぼすのは、自分の置かれている状況を認めたくないときではないでしょうか。あるいは、自分の思いどおりにならないときに愚痴が出ます。

そして、これまでお話ししてきた貪と瞋を私たちの心に引き起こすのが痴なんです。「痴」は「病だれ」に「知」と書きますが、「病だれ」に「疑」と書いても「癡《ち》」と読みます。

私は、この「痴」が「貪」を、「癡」が「瞋」を引き起こすのではないかと思います。ありのままの自分を理解できない、つまり自分がもっているものの価値を知らないから貪《むさぼ》るのです。そして、もしかしたら間違っているのは自分なのかもしれないと疑うこともせず、自分だけが正しいと思うから腹が立つのです。

変化を拒絶すれば風当たりは強く

ここまで考えてみると、貪瞋痴が深くなればなるほど、我が強くなることが分かります。そうすると自分が絶対だと思い、自分を変えることができなくなってしまうんですね。でも、世の中は水のように流れて変化し続けているのです。それなのに自分は絶対だと言って変化を拒絶することは、流れる川に板を入れて水をせきとめようとするようなものです。板に強烈に水が当たるように、世間の風当たりが強くなるのは当然です。

お釈迦さまが貪瞋痴を三毒としたのは、そういう自分中心の考え方が人間の心の中にあることを戒《いまし》めるためではないでしょうか。自分の中の毒に気づけば、それを抑えることができます。そうすると、相手の立場を思いやる気持ちや、感謝の気持ちが湧いてくるでしょう。この言葉をとおして、お釈迦さまはそう私たちに教えてくれているのです。

【貪瞋痴】貪欲《とんよく》・瞋恚《しんに》、愚痴《ぐち》の三毒（『例文仏教語大辞典』小学館）

縁　途方もない確率で出会えた

私は高田好胤和上を慕《した》って、この人のもとにいたいという思いから薬師寺の僧侶になりました。十七歳のときのことです。お坊さんになりたくて薬師寺に飛び込んだわけではなかったので、はじめは修行に真剣に取り組むことができませんでした。一所懸命にやらないので、まわりから評価されません。そうするとふてくされてしまい、ますます評価されない。そんな悪循環を繰り返していたのです。

三十一歳のとき、私は師匠の高田和上から離されて、六十五日間の行《ぎょう》（仏道の修行）を受けることになりました。でも、その行場《ぎょうば》でも愚痴をこぼしてばかりでした。「仏さまさえいなければ、こんなに苦しい目にあうこともなかったのに」と思ったことさえありました。一方で、「こんな修行もできないのか」という情けない思いに落ち込み、涙がポロポロこぼれてきたこともあります。

しかし、そうやって迎えた行の六十日目に、私は忘れられない体験をしました。お経本に書かれていた「宿縁《しゅくえん》を歓《よろこ》ぶ」という言葉が光って見えたのです。テレビドラマのようですが、本当にその言葉だけが黄金色に輝いて見えました。そこで私は「こんなに苦しんでいるのに、何を歓べというんだよ」と、また腹を立てたのです。ところが、そうやって心の中で仏さまとけんかをしているうちに、自分がゴロンと転がるような気持ちがしました。同時に、思ってもみなかった言葉が口をついて出たのです。「そりゃ、縁がなかったら、こんなところでこんなことをしていない」。そして、縁があったからこそ、この場を与えてもらえたんだということに初めて気がついたのです。すると、今までの苦しさが嬉しさに変わっていきました。

「よっぽどの縁」に感謝

当時は、世界の人口は五十六億人と言われていましたから、私の置かれた環境は五十六億分の一の確率で与えられたものです。そんな途方もない確率で得られた縁ですから自分なりに「よっぽどの縁」と言い換えてみました。以来、この言葉を私のキヤッチフレーズとして使っています。そして、何に対しても「出会うかどうかわからないのに出会えたのだから、よっぽどの縁があってのこと」とプラスに考えられるようになりました。

筑波大学の生命科学の先生は「ひとりの人間が生まれるのは一億円の宝くじを百万回当てるのよりもむずかしい」と書いています。これを読んで、この世に生まれること自体が、よっぽどの縁があってのことなんだとわかりました。私たちは、よっぽどの縁があって生まれ、よっぽどの縁があって出会うことができたのです。その縁に感謝して、その縁を大切にしたいと思います。

【縁】①結果を引き起こす直接の内的な条件に対して、それを外から助ける外的な条件を言う。②認識の対象としてとらえること。（一部抜粋）（『例文仏教語大辞典』小学館）

挨拶　いのちを尊重し合う

普通、「あいさつ」は漢字二文字で「挨拶」と書きます。しかし、「礼」の旧字体の「禮」にもあいさつという意味があります。これは、神さまにお供えをする姿を表わしています。秋に作物が実ると、最初にその村の神社にお供えしますし、家ではご飯を炊いたら、まず仏さまに仏飯《ぶっぱん》をお供えしますね。そのように、神さまや仏さまといった、目には見えないものへの挨拶や心遣いを「禮」というのだと思います。

目に見えないものへの心遣い

最近は目に見えないものは信じなくてもいいような傾向がありますが、本当に大切なことは目に見えないことも往々にしてあるものです。そのたとえとして、私は皆さんにこんな話をします。

息子が小学校一年生のころ、夏休みに、朝顔の鉢を持ち帰ってきました。「毎朝、朝顔の花がいくつ咲いているか、数えなさい」というのが宿題だそうです。そこで子供と一緒に花を数えていて、ふと、気がついたのです。花を数えろと言われると、人間は花しか見なくなってしまうのですね。しかし、どの花にも茎がついていますし、葉っぱもあります。そして、目には見えないけれど、鉢の中には根がしっかりと生えていることでしょう。

朝顔を人間にたとえるなら、私たちは「自分」という花を一所懸命に咲かせようと努力しています。でも、どんなに努力しても、根や葉がなければ、花は咲きません。その根になる部分は何かと言えば、ご先祖さまでしょう。そして、一番近い先祖は両親です。私たちはいのちという出発点を両親からいただいて、いろいろな人からご縁を受けて、育てられてきました。そのご縁が葉であり、茎なのだと思います。そのような、目に見えないものに感謝する気持ちが「禮」なのです。

では、漢字二文字の「挨拶」にはどんな意味があるのでしょうか。挨にも拶にも「迫る」という意味があります。挨拶は仏教語の「一挨一拶《いちあいいちさつ》」がもとになっており、禅宗のお坊さんが問答をするときの姿を表わしたものです。つまり、一方のお坊さんは鋭い質問で相手に迫り、答える方も迫り込むようにしながら答える。そのような、お互いが目的を一致させて磨き合う姿から生まれた言葉です。

ですから、「おはようございます」と挨拶するのは、今日一日を生きる自分を確認し、同時に相手にも確認してもらって、一緒に過ごしていくための行為ではないでしょうか。

そして、挨拶で一番大切なポイントは「自分からする」ということです。きつい言葉で言うなら、相手からされるのを待って言う挨拶は、挨拶でなくてうぬぼれです。お互いにいのちといのちの出会いを喜び合うこと。そこに挨拶の意味があるのです。

【挨拶】禅宗で、師家《しけ》が修行者の悟りをためすこと。（一部抜粋）（『例文仏教語大辞典』小学館）

精進《しょうじん》　心と身体の進め方

私には精進《しょうじん》という言葉に一つの思い出があります。それは小僧としてお寺に入ったころのことです。師匠である高田好胤和上に「修行《しゅぎょう》はどうですか」と言われ、私は「はい、努力しています」と答えました。すると高田和上は「そういうときには『努力』じゃない。坊さんは『精進しています』と答えるんだ」と教えてくださいました。よく、「努力精進いたします」などと言い、努力も精進も何かに励むという意味で用いられるようですが、改めて考えてみると、この二つは少し意味合いが違っているように感じます。調べてみますと、精進には「仏道修行のために休みなく進んでいく」という意味があります。この言葉を私なりに考えてみたいと思います。

まず、精進は「精を進ませる」と読むことができます。そしてこの精という漢字は、「精神」という言葉が人間の心を表すように、心を象徴しています。ですから、精進は「心を進ませる」と読み換えることができます。これは、心に思うことを実行に移すということでしょう。実行するためには心だけでなく、身体も必要です。つまり、精進は心と身体をともに働かせて励むことをいうのです。それに対して、努力は行動で示す側面が強いように思います。

水滴もやがて石に穴をあける

次に精進について書かれている経典を探してみると、『仏遺教経《ぶつゆいきょうぎょう》』の中に「もし勤精進《ごんしょうじん》せば則《すなわ》ち事として難《かた》き者なし。是《こ》の故《ゆえ》に汝等《なんじら》当《まさ》に勤精進すべし。譬《たと》えば小水の常に流れれば則ち能《よ》く石を穿《うが》つが如《ごと》し」という言葉がありました。これは「精進を勤めれば、何事も得られないものはない。だから精進しなさい。たとえわずかな水滴であっても、常に滴《したた》り続ければやがて石に穴をあけるのだ」という意味です。つまり、精進には日々の繰り返しが大事なのだという教えです。

さらに経典には、「精進」の反対語として「懈怠《けたい》」が挙げられていました。懈怠とは、わかりやすく言うと怠《なま》けることです。私は法話で「怠」という漢字を説明するのに「心の上に重い台が乗っていて動けない状態です」とお話しします。動けないから前に進めない、これを「怠ける」というのです。そうではなくて、たとえほんの少しずつでも、進み続けることが大切なのですね。すると、先ほどの水滴のたとえのように、いつかは固い石にさえも穴をあけることができるのです。

こう考えてみると、精進とは「自分の目標を失ってはだめですよ。歩みを止めてはいけません。怠けようとする心を制して、少しずつでもいいから歩き続けなさい」というお釈迦さまのお諭《さと》しなのではないでしょうか。

【精進】①ひたすら仏道修行に励むこと。また、その心のはたらき。②一定期間、言語・行為・飲食を制限し、身を清めて不浄を避けること。（一部抜粋）（『例文仏教語大辞典』小学館）

我慢　おごった心を制する

私たちは普通「我慢」という言葉を、何かを耐え忍ぶときに用います。国語辞典を引いても、「苦しみや怒り、欲望などの感情を抑えること」とか「許しにくいところを許すこと」などと書いてあります。しかし、仏教語としての「我慢」は、「我を慢《まん》心《しん》する」ということで「うぬぼれ」を意味します。

本来は「我を慢心する」うぬぼれ

さらに、仏教語の辞書では我慢を煩悩《ぼんのう》の一つとして挙げています。煩悩という言葉は、「煩悩を捨てなさい」などと使われるように何か悪いことのように思われていますが、私はこれを「人間の癖」と受け止めています。つまり、煩悩は誰の心の中にも潜《ひそ》んでいるもので、すべてを失くすことはできないと考えているのです。たとえば、この我慢を例に考えてみると、慢心とは、「自分だけは特別なのだ」という、のぼせ上がった状態のことです。しかし、それは反面、「誰かに認められたい」という願望の表われと考えられると思います。

私にも当てはまることなのでよくわかるのですが、ほめられるのが嫌いな人は少ないでしょう。賞賛の言葉に、「いえいえ、そんなことはありません」と謙遜《けんそん》しても、心の中では「やっぱり私は偉いんだ」とうぬぼれてしまいます。それは多かれ少なかれ、誰の心にもある思いなのではないでしょうか。

しかし、ある意味ではそのような気持ちがあるからこそ、自分を高めていくことができるとも言えるでしょう。つまり、誰もがもっている欲望的な心も自分を整えて使うことができれば向上心になり、身勝手に働かせば慢心になってしまうということです。ですから、自分の中に煩悩という癖があることに気づいて、その心の働きを上手に調節していかなくてはなりません。

このように、仏教では我慢を煩悩の一つとしてとらえています。ところが、今では忍耐という意味で使われることのほうが多いようです。文献がないのではっきりとは言い切れませんが、本来の意味である「自分には慢心がある」ということをよくわきまえて、その慢心を抑える努力をする。そこから我慢という言葉を「耐え忍ぶ」という意味で使うようになったのかもしれません。

また、私が尊敬する清水寺《きよみずでら》の大西良慶《おおにしりょうけい》師は「我」を「好き嫌いのことだ」とおっしゃっていました。ですから、「我が強い」とは好き嫌いが強いことです。

自分のことだけを主張して、相手を受け入れない人を我が強い人というのですね。

我慢という言葉は、「自分のうぬぼれの心に気づいて、その気持ちを抑えなさい。

自己主張をしすぎずに相手のことを考えなさい」という心の修行を表わしているのだと思います。

【我慢】①我《が》をよりどころとして心が高慢であること。②強情であるさま。(一部抜粋)

(『例文仏教語大辞典』小学館)

如来と菩薩　目標と、歩み続ける姿

お寺にお参りをしている方から、よく「如来《にょらい》さまと菩薩《ぼさつ》さまは何が違うの？」と質問されることがあります。皆さんの中にも疑問に思っておられる方がいるかもしれません。

一般的には、如来さまは悟りを開いた仏さまで、菩薩さまは修行中のお姿を表わしている仏さまだと言われています。今回は私なりの解釈を加えながら、お話してみたいと思います。

私はこれまでさまざまな経典を読んできましたが、その中で気がついたことがあります。経典はお釈迦さま、つまり釈迦如来の教えが書かれたものであるのに、必ずしもその語り手がお釈迦さまだけとは限らないのです。お釈迦さまの代わりに菩薩さまが話をしたり、質問に答えてくれることがあります。

これはなぜかというと、如来さまのようにあまりにもレベルの高い人の話ばかりだと、緊張してしまったり、話が高度すぎてピンとこないことがあるので、こんな方法がとられているのではないでしょうか。

たとえばお寺の法話などでも、一番偉いお坊さんがはじめに登場すると、みんなが緊張してしまいます。けれども、その前に若いお坊さんが少し話をしますと、その場の雰囲気がなごむものです。

私がこうお話すると、「それならば如来さまは偉くて、菩薩さまは偉くないのではないか」と、勘違いされる方がいますが、そうではありません。如来さまも菩薩さまも仏さまなのですから、優劣の区別はないのです。ただ、菩薩さまの方が迷いの多い私たちにより近い立場にいてくださって、如来さまと私たちの橋渡しをしてくれているのだと思います。

お医者さんと看護師さん

では、如来さまと菩薩さまの立場の違いを、たとえ話で説明してみましょう。

お寺で、如来さまの両脇《りょうわき》に菩薩さまが配された「三尊像」を目にされることがあると思います。薬師寺の三尊像を例にあげると、中央の薬師如来はお医者さん、その両脇の菩薩さまは看護師さんにたとえられます。向かって右側にいる日光《にっこう》菩薩は、その名にある日光が表わすように日勤の看護師さん。そして、左側にいる月光《がっこう》菩薩は夜勤の看護師さんです。

病気やけがで入院したときに、私たちに身近に接してくれるのは、お医者さんよりも看護師さんではありませんか。しかも、看護師さんは私たちの病状をお医者さんに報告してくれて、それによって正しい処方が行われます。いわば、如来さまと菩薩さまがチームとなって、私たちを救ってくれようとしているのですね。

仏さまの世界には薬師如来以外にもたくさんの如来さまがいて、それぞれチームを組んでいます。たとえば、釈迦如来には文殊《もんじゅ》菩薩と普賢《ふげん》菩薩、阿弥陀如来には観音《かんのん》菩薩と勢至《せいし》菩薩というように組み合わせが決まっていて、さまざまな分野から私たちに救いの手を差し伸べてくださっているのです。

私は如来さまと菩薩さまから大事なことを教わりました。それは、誰であれ、それぞれに違った役割があるということです。たとえば、どんなに立派な社長さんがいても、それだけで立派な会社になるとは限りません。専務さんや経理の社員、営業の社員さんたちが役割をきちんと果たしてこそ、いい会社になるのだと思います。それぞれがお互いの役割を認め、力を出し合うことの大切さも、仏さまは教えてくださっているように思います。

如来さまと菩薩さまの見分け方

次に、皆さんが仏さまを拝むときに、如来さまと菩薩さまを簡単に見分ける方法をお教えしましょう。如来さまと菩薩さまは服装で見分けられるのです。

裸の上に衣《ころも》一枚だけをまとっているのが如来さまです。これはどういうことかと言いますと、如来さまはもう十分に修行を積んでいるので、内側からお徳がにじみ出て、仏さまご自身が美しく輝いています。だから余分なアクセサリーはいらないのですね。

私たちも何かを習うときに、まだ未熟で自信がもてないときには、立派な道具を揃えたりして、外側から飾ることで自分を立派に見せようとすることがありませんか。しかし、やがて経験を積んでいくと、自分の中に確固《かっこ》たるものが生まれてきます。すると、「あるがままの自分でいい」という心境になり、外側を飾り立てなくてもよくなるものです。それが如来さまのお姿です。

それに対して、菩薩さまは冠や腕輪などを身につけています。これも、菩薩さまが私たちに近い存在であることの証《あかし》です。菩薩さまは私たちに似た姿をして、近寄りやすくしてくださっているのです。

如来さまを尊い目標として

菩薩さまについては、私の師匠の故・高田好胤和上が、次のようにおっしゃっていました。「永遠なるものを求め、永遠に努力する人を菩薩という」。そして、自筆のこの言葉を寝室のよく見えるところに掛けていました。私にとっても偉大な師匠である高田和上でさえも、壁にぶつかるようなことがあったと思います。そのときに「菩薩さまだって努力し続けているのだから、自分はもっとがんばらなければ」と思われたのではないでしょうか。

私たちが何かを目指そうとするときに、目標となるものがないと、歩きにくいものです。その目標が如来さまであり、そこを目指して歩き続ける姿を菩薩さまが表わしているのです。私も、如来さまというすばらしい目標に向かって、菩薩さまのように努力していきたいと思います。

【如来】①修行を完成した人。②仏のこと。さとりの完成に到達した仏。（一部抜粋）

【菩薩】①さとりを求めて修行する者。仏の智慧を得るために修行している人。（一部抜粋）（『仏教語大辞典』東京書籍）

薬師寺金堂の薬師三尊像の前で勤行

修正会《しゅしょうえ》　願いをかなえるため努力を誓う

私たち日本人は元旦には神社やお寺に初詣《はつもうで》をします。初詣がいつごろから行われるようになったのかを調べてみると、一説には奈良時代までさかのぼるそうです。奈良のお寺でお正月に吉祥天《きっしょうてん》さまをお祀《まつ》りして、国家安穏《あんのん》や五穀豊穣《ごこくほうじょう》を祈ったことがそのはじまりだという説があるのです。また、吉祥天さまの前で一年の自分の罪を懺《さん》悔《げ》して、除災招福《じょさいしょうふく》を祈る吉祥悔過《けか》という行事も行われていました。

さて、お寺で一月に行う法会《ほうえ》のことを修正会《しゅしょうえ》といいます。ちなみに、二月に行う法会は修二会《しゅにえ》といい、これは東大寺の「お水取り」が広く知られていますし、薬師寺の「花会式《はなえしき》」もじつは修二会です。

薬師寺では修正会に、ご本尊《ほんぞん》のお薬師さま（薬師如来《にょらい》）のご宝前に吉祥天さまをお祀りすることが慣《なら》わしとなっています。

では、吉祥天さまとはどんな仏さまなのでしょうか。吉祥天さまは、もともとは古代インドの女神さまで、「きっしょうてん」あるいは「きちじょうてん」とも呼ばれています。左手には如意宝珠《にょいほうじゅ》という宝の玉をもっておられますが、この玉には不思議な力があり、どんな願い事もかなえてくれるといわれています。

また、吉祥天さまは福徳豊穣《ふくとくほうじょう》の守護神だとされています。ですから昔から、人々は吉祥天さまに国家安穏や五穀豊穣を祈ったのです。国家安穏や五穀豊穣というと大《おお》仰《ぎょう》な感じがしますが、私はこれをもっと身近なことに置き換えて考えてみればいいと思っています。まず、国家安穏は「家庭の安穏」ととらえます。一人ひとりが幸せになってこそ、国家も安泰になるのではないでしょうか。次に、豊かな実りを表わす五穀豊穣を現代の家庭でいえば、安定した収入を望むということになるでしょう。そのためには、自分の技能を磨く必要がありますね。じつは、吉祥天さまは芸能や技術を司《つかさど》る女神でもあるのです。

さらにこれは私の考えですが、一年のはじめに女神さまを拝むというところに意味があるのだと思います。女神、つまり女性は、母となって子を生むことができます。「母なる大地」という言葉があるように、あらゆるものにとって、母は偉大な存在です。

そのような、いのちを生み出す力をもつ仏さまに一年の最初の願掛けをするというのは、いかにもお正月らしいめでたさを感じます。

お札を見るたびに決心を思い出そう

薬師寺には国宝に指定されている美しい吉祥天さまがいらっしゃいます。あでやかなそのお姿は、お正月にふさわしく、しかも吉祥天さまは足を一歩前に踏み出していて、歩いているように見えます。まるで吉祥天さまが「歩く」という行動を通して、私たちに実践の尊さを諭《さと》してくださっているかのようです。

つまり、行動が大事だということですね。「願い事をかなえてください」とただ祈るだけでなく、「一生懸命に努力しますから、足りないところは補ってください」という気持ちが肝心なのです。自分も一生懸命に行動してこそ、願いはかなうのだと思います。

では、具体的にはどうしたらよいのでしょうか。私は、皆さんにこんな話をしています。初詣のときには、まず、その場にいられることに感謝しましょう。お参りしたくても、出かけられないこともありますね。ですから、初詣をできる幸せに感謝する。そして、自分のできる範囲でよいので、「願い事をかなえるために努力します」と誓ってください。自分のその決心を忘れないために、お札やお守りをいただくのではないでしょうか。お札やお守りを見るたびに、自分の決心や願掛けを思い出し、それに向かって努力する。年のはじめという節目に、自分の目的とそれに伴う行動を再確認する。そこに初詣の意義があるのではないかと思います。

【修正会】毎年正月、諸宗の寺院で修する年始の法会。その年の天下平安、玉体安穏などを祈って読経する。

【吉祥天】もとバラモン教の女神で、のちに仏教に入った天女。顔かたちが美しく、衆生《しゅじょう》に福徳を与えるという女神。（一部抜粋）（『仏教語大辞典』小学館）

安心《あんじん》　心は満たされていますか

法話をしているときに「幸せになりたい人、手を挙げて」と言うと、ほとんどの方が挙手します。「幸せになりたい」というのは、私たちみんなの願いです。でも、「あなたの幸せは何ですか?」と聞いてみると、意外に答えられないものではないでしょうか。私もそうでした。幸せとは何かを調べるために経典をひも解いてみたのですが、経典には「幸福」という熟語そのものは書かれていません。

「身心安楽」は幸せ

そこでいろいろな経典を読んでいるうちに、『薬師経』にある「身心安楽《しんじんあんらく》」という言葉に出会いました。「身心安楽」とは、体と心の病気がなくなることです。つまり、体と心の両方が健康であること。それが幸せではないかと思ったのです。

また、こんなことにも気がつきました。「このごろは北海道でも日帰りで講演に行けるから、らくちんだな」と思っていたときに、ふと「らくちん」はどんな漢字を書くのだろうと気になって、調べてみたときのことです。

辞書には「らくちん」または「楽ちん」とあり、「ちん」に当てはまる漢字がありません。「楽ちん」の由来を考えているときに、先ほどの「身心安楽」という言葉を思い出したのです。この中の「楽」と「身」をくっつけると「楽身《らくしん》」です。調べてみるとこれが「楽ちん」に変化したという説がありました。

そして、さらに興味深いことに、「身心安楽」から「楽身」をとって、残った二字を並べ替えると「安心」という言葉になります。仏教語ではこれを「あんじん」と読むのですが、それがいつのまにか「あんしん」と発音されるようになったのでしょう。

体が楽な状態の「楽ちん」と、心が楽な状態である「安心」がプラスされて、幸せの条件が整います。その両方を兼ね備えた「身心安楽」は、まさに幸せを表わしている言葉だと改めて気がついたのです。

さて、体が楽な状態というのは想像しやすいですね。たとえば、ゆったりと部屋でくつろいでいるような状態です。でも、心が楽な状態をすぐには説明できません。よく「病気になったからこそ健康のありがたみがわかった」と言うように、逆の立場から考えると物事の本質が見えることがあります。そこで不安心なものは何かを考えて、それを安心の意味を探る手掛かりにすることにしました。

人間関係が安心の鍵

不安心なものを考えたときに、私が真っ先に思いついたのは人間関係です。人はひとりでは生きられないのですから、どんな場合にも必ず誰かと関わっています。そして、私たちが不安を感じるのは、この人間関係がうまくいっていないときではないでしょうか。「人間」は「人の間《あいだ》」と書きますが、この「間」は「距離」のことを言うのではないかと私は考えています。近すぎず、離れすぎず、お互いによい距離をたもつ。つまり、握手ができるような距離でいれば、よい人間関係を築くことができます。それが安心できる暮らしにつながるのではないでしょうか。

さらに考えてみると、私たちは物質的には恵まれて便利な生活をしていても、なおも幸せを追い求めてしまうことがあります。それは心が満たされていないからではないですか。目に見える物質的なものを整えるのは簡単ですが、目に見えないものに気を配ることはむずかしいですね。たとえば、洋服は目に見えるから、そこに穴が開いていたり、汚れていればすぐに気がつきます。しかし、目に見えない心の汚れは気がつきにくいものです。

体と心をもう一度見直して、どちらもバランスよく豊かになる。とくに、目には見えない自分の心を上手に育てていくことが、幸せの秘訣《ひけつ》だと思います。

【安心】仏の教えを学んで得た心の安らぎ。不動の境地。（一部抜粋）（『仏教語大辞典』小学館）

自由自在　与えられた場を生かしてこそ

皆さんは『般若心経《はんにゃしんぎょう》』が「観自在菩薩《かんじざいぼさつ》」という仏さまの名を唱えるところから始まることをご存知でしょうか。

『般若心経』の解説書はたくさんあり、その多くがこの観自在菩薩さまを「自由自在に世の中を観《み》ることができる菩薩さま」と解釈しています。それを読んでから私は「自由自在」という言葉に興味をもつようになり、自分なりに調べてみることにしました。今回はそのお話をしたいと思います。

「自由」は西洋的、「自在」は東洋的

さて、「自由自在」は日常でも耳にする言葉ですが、私たちが会話で使うときには単に「自由」とだけ言うことの方が多いかもしれませんね。

ところが不思議なことに、仏教の経典では「自由」という言葉はほとんど出てきません。反対に「自在」はたくさん使われています。一例を挙げると、「十自在」があります。これは「寿自在《じゅ》」「心自在」「財自在」といった十種類のことで、いうなれば、いのちや心、財産などを思いのままに上手に使いこなす力を指した言葉です。そして、この十自在のすべてを操れる方を「自在坊」とか「自在王」と呼び、それは仏さまの別名でもあるそうです。

仏教の経典でよく使われていることから、「自在」は東洋的なイメージが強い言葉のように思えます。それに対して「自由」という言葉が日本で頻繁《ひんぱん》に使われるようになったのは、明治以降のようです。明治維新によって西洋の思想が盛んに取り入れられ、「自由」を英語の「フリーダム」などの訳語として使うようになったのではないかと推測します。そうすると、「自由自在」は西洋と東洋の考え方を融合した言葉なのかもしれませんね。

意に沿わぬ仕事もやり抜く

国語辞典を調べてみると、「自由」と「自在」の両方に「思いのままであること」という意味が載っています。しかし、私はその二つには少し違いがあるように感じています。まず「自由」とは「自分の責任において思いのままにできること」ではないでしょうか。たとえば、私は昔、よくお酒を飲みにいったのですが、若かったせいもあり、「飲みにいくのは私の自由だ」と僧衣のままで店に入ったこともありました。

けれども、僧侶という立場に立つ私には、自分の好き嫌いだけでは済まされない部分があります。それが「自在」ではないでしょうか。つまり、自在とは「与えられた場所を活かす」ことだと思います。たとえば、人生という大きな舞台では、自分が主役になることもあるでしょう。あるいは観客になることも、照明係になることもあるかもしれません。どんな役柄であっても、自分に与えられた場所で一生懸命に役をまっとうしなければ、舞台全体はすばらしいものにならないのです。

ただし、与えられた場所というのは必ずしも自分にとって楽しいものばかりとは限りません。たとえば、原稿を頼まれて締め切りが近くなっても、ちっとも筆が進まないことがあります。そんなときには気持ちばかりがあせって苦しい思いをしなければなりませんが、それでも、締め切りを守るために自分で自分を追い込んで、その仕事をやりぬく。それが「自在」に生きていくことです。

つまり、自分の思いのままに生きるのが自由であり、自在とは自分に与えられた場所で何ができるかを考え、実行することです。生きていくうえでは、自由を主張することが必要なこともあるでしょうし、自在を喜んで受け止めなければならないこともあります。ですからその両方があってこそ、しっかりと人生を歩んでいけるのです。それこそが本当の意味での「自由自在」な生き方になるのだと思います。

【自由自在】心のままに万事を動かすこと。とらわれない、安らかで、のびのびとした心境、また、そのはたらき。（『例文仏教語大辞典』小学館）

布施《ふせ》　人と人、心のキャッチボール

仏教では、ものに限らず、相手に何かを施すことをすべて布施《ふせ》と言います。そしてこれは仏教の大事な「修行の一つ」とされているのです。ではなぜ布施をすることが修行になるのかをお話ししていきましょう。

私たち人間にはさまざまな煩悩《ぼんのう》があります。煩悩とは欲望のことです。私にも思い当たることがありますが、人間の欲は果てしないものです。欲望が強いと、どんなにすばらしいものを与えられていても「まだ足りない。もっと欲しい」と思ったり、あるいは自分がもっているものを決して手放そうとしない心が生じるばかりで、いつまでたっても満足することができません。たとえば人から金銭や物品をもらうことは当たり前のようにできても、自分が誰かに分け与えるとなると惜しむ気持ちが生まれてしまうものですね。そのような満たされない生活は、決して幸せとは言えないでしょう。

ですから、仏教ではそのような貪欲な煩悩を静めるための修行の一つとして、布施をとらえているのだと思います。

見返りを求めずに与える

さて、何かを施すことを布施だと申し上げましたが、そのときに「こんなにいいことをしてあげるのだから、きっと相手からはもっとすばらしいものが得られるだろう」などと見返りを求めるのであれば、それは布施にはなりません。

わかりやすくたとえるならば布施は、お母さんが赤ちゃんにおっぱいを与えるようなものです。母親は自分の子供に対して「おっぱいを一リットル飲んだのだから、百円ちょうだい」などとは言わないでしょう。「元気に育って、大きくなあれ」と愛情をかけながらお乳を与えるのが母親ではないでしょうか。そのような、見返りを求めずに相手のためだけを思って行う行為が布施なのです。

そして、そのような気持ちをもてると、それによって今度は自分の心が豊かになってくるのです。このことを東大寺の管長をなさっていた清水公照《しみずこうしょう》師は「喜んでもらえる喜び」とおっしゃっています。自分が何かをすると相手が喜んでくれて、その笑顔を見ることで自分も幸せになる。皆さんもそんなご経験をなさったことはありませんか。

さて、布施についてさらに調べてみると、『無量寿経《むりょうじゅきょう》』という経典に「布恩施恵（ふおんせけい）」と書かれてありました。私はこの言葉が布施の心をよく表わしていると思います。「布」には「広く行き渡らせる」という意味があり、「恩」は感謝とも受け取れますから、この言葉全体で「感謝の気持ちを広くもち、自分がいただいたものを誰かに施す」という意味になります。つまり、世の中はお互いに布施をし合うことで成り立っているのですね。

布施をし合って成り立つ世の中

そのことについて、私にはこんな経験があります。法話の依頼を受けたときに、講話料を尋ねられることがありますが、私は「いくらでも結構です」とお答えします。なぜなら、私は皆さんに一生懸命にお話し、そのお礼として講話料をいただきますが、私も「話を聞いてくださる人々に出会える」というお金には換算できない喜びを皆さんからいただくことができるからです。布施とは、お金だけではなく、人と人との心のキャッチボールでなくてはならないと思います。

皆さんも布施の心で物事を見直してみてはいかがでしょうか。たとえばタクシーに乗るときに、自分はお金を支払うという形で布施をして、運転手さんは「目的地まで運んでいく」という布施を私にしてくれている。そのように考えると、世の中はお互いに布施をし合って成り立っていることがわかりますね。それに気づき、布施の心で考え、実践していくと温かい交流が広がるのだと思います。

【布施】施すこと。財物を施す財施《ざいせ》、教えを説く法施《ほうせ》、種々の不安・恐怖を取り除く無畏施《むいせ》の三つがある。（一部抜粋）（『例文仏教語大辞典』小学館）

覚悟　どんな結果も耐えられる

私の師匠・故高田好胤《たかだこういん》和上は「自覚」という教えを非常に重んじていました。硯《すずり》箱の蓋《ふた》には自覚と書いてありましたし、修行中もよく「自覚をもて」と諭《さと》されました。しかし、私が自覚という言葉の重みを実感したのは人前で法話をさせていただくようになってからです。法話を聞いてくださる方々は人生の貴重な時間を割いているわけですから、僧侶としての自覚はもちろん、発する単語一つにも責任をもたなければ失礼にあたります。まさに言葉に対する覚悟が必要なのです。

そう考えたとき、私は師匠のおっしゃっていた自覚とは覚悟をもつこと、つまり、「自覚悟」ではないだろうかと思い至りました。調べると、『涅槃経《ねはんぎょう》』の中に「自覚悟」という言葉があります。自ら目覚めて悟る。自分の立場を自覚することで初めて、覚悟が生まれるのです。

覚悟とは逃げ道をなくすこと

私は十五歳で僧侶になろうと決意して以来、決して順風満帆《じゅんぷうまんぱん》な修行生活だったわけではありません。お寺を三回も逃げ出そうとしましたし、自分の心を持続させることにも本当に苦労しました。これまで何度も「本気になれ」、「決心しろ」、と自分を叱咤《しった》しましたが、人間はすぐに変われません。ところが三十歳を過ぎいよいよ仏の道以外に歩む道はないと感じたとき、「この道をあきらめたらいくところがない」という思いが芽生えました。

私は覚悟とは逃げ道をなくすことだと思います。自覚によって進むべき道を定め、覚悟によってその道を歩く。退路を断ち信じる道を進めば、その力は普段以上に発揮できるのです。

覚悟の重要性は言葉のうえにも表れています。本気や決心と違って、覚悟は仏語です。本気の「気」は気変わり、決心の「心」は心変わりという言葉がありますが、覚悟の「悟」に悟変わりという言葉はありません。何があっても変わらない意思をもつことこそ覚悟なのです。

私は人から相談を受けるとき、必ず最後に「あなたが覚悟して答えを出してください」と言います。覚悟があれば、どんな結果になろうとも耐えられるのです。

ある中学校から法話の依頼を受けたとき、百人ほどの予定が町の全中学生千二百人が集まり、時間も突然、四十五分を一時間にしたいと言われました。「今さら無理だ」と思いましたが、私は覚悟して「やります」と答え、壇上に立ちました。結果を恐れても仕方ありません。力を出しきることが大事なのです。法話を終えたとき、覚悟をもって全力を尽くしたことで充実感を得ることができました。

「帰る家はないのよ」と母の言葉

覚悟について考えると、母とのエピソードが思い出されます。私の母はものすごく明るい性格の人で、まったくといってよいほど私に否定の言葉を言ったことがありません。私が薬師寺に入ると言い出したときも、母は黙って認めてくれました。しかし、覚悟が足りなかった私は修行に耐えきれず、「帰ってきていいよ」と言われることを期待して実家に逃げ帰りました。すると母はぐっと耐えながら、こう告げたのです。「徹っちゃん、もうあんたの帰ってくる家はないのよ」。あの言葉こそ母の覚悟だったと思います。そのおかげで今の私があります。

仏教用語に「覚悟修習《かくごしゅじゅう》」という言葉がありますが、まさに覚悟は繰り返しの中に身につけていくものなのです。

何かをなしとげようとするとき、覚悟さえあれば前へ踏み出せます。覚悟とは気持ちだけではなく行動でもあります。その覚悟の一歩が、人間の真の強さを育み出すのでしょう。

【覚悟】迷いを去り、真実の道理を悟ること。また、悟らせること。（一部抜粋）
（『例文仏教語大辞典』小学館）

得度《とくど》　お釈迦さまのものさしを得ること

仏の道を志してから今に至るまで、数え切れないほど苦しみや悩みに直面しました。そのたび、何のためにお坊さんになったのかと、僧侶になったときの初心を思い出し、弱い自分を戒《いまし》めてきました。現在は人様の前で法話をさせていただくようになりましたが、今でも自分への戒めは続いています。最近では、初心を強く意識することの大切さが身に染みてわかるようになり、より自分を厳しく律するようになってきました。それは、お坊さんになる節目である「得度《とくど》」に込められた深い意味を知ったためです。

得度とは直訳すると、お釈迦さまの教えを意味する「度」を得ること。しかし、「お釈迦さまの教えを得る」とはどういうことなのでしょうか。実はこの疑問、十年ほどずっと解けずにいた難問でした。私なりに言い換えるとこうです。「お釈迦さまの教えがすばらしいのはわかる。しかし、教えを得るとは、具体的に何を得ることなのか？」。
ところが、ある法話の最中に、ふとこの問いを解決する糸口を見つけたのです。

「度」を「ものさし」と読む

そのときは、人間の欲について法話を行いました。人は際限なく欲をかく生き物だから、自ら区切りをつけて生きていくこと、つまり節度をもつことが欲に対抗する方法だとお話したのです。このときふと、「区切る」という意味を表わすのは、節度の「節」だけでなく「度」にも同様の意味があるのではと考えました。そして、「度」の意味をさらに掘り下げるために、教典や辞典を片っ端から調べると、「度」に「ものさし」という意味があることを発見したのです。その瞬間、長年抱き続けてきた疑問が解けました。私が仏教から得ようとしているものは「お釈迦さまのものさし」であり、これこそ得度本来の意味ではないかと思ったのです。

お釈迦さまの教えは、二千年以上も変わらずに多くの人に受け入れられてきました。

それは、お釈迦さまのものさしがすべての人間を平等にはかるものさし、そして善悪、浄不浄を見極めるものさしだからです。このものさしを知ることは、思いやりを育《はぐく》んだり、自分の過ちに気づくきっかけになったりするはずです。

私の尊敬する奈良少年刑務所法務教官の小西好彦《よしひこ》先生は、所内で受刑する少年たちにこう教えています。「君たちはこれまで、損得だけでものごとを考えてきた。しかしこれからは、善悪でものごとを考える練習をしなさい」。

相手のものさしでも測り直して

私たちのものさしは、どうしても損得に傾いてしまいます。それは、つい自分に都合のいいようにものごとを考えてしまうためです。お経にも書かれていますが、人間の苦しみとは自分の思い通りにならないときに生まれるもの。自分のものさしに合わないとき、怒りなどが芽生えるのです。しかし、たとえ自分のものさしが合わない場合でも、それがすべてではないと気づき、相手のものさしで測り直すことができれば、感情は波立ちません。大事なのは、相手の立場に立つこと。それは仏教に限らず、会話や読書などで、「この人はなぜこう思うのだろう」と考えることで身につけられます。

私は得度を仏教専門の用語にとどめるべきではないと思っています。互いのやすらぎのために仏さまのものさしを頂戴することこそ、得度の意義だと思います。

【得度】剃髪《ていはつ》して僧侶になること。また、悟りを得ること。（一部抜粋）（『例文仏教語大辞典』小学館）

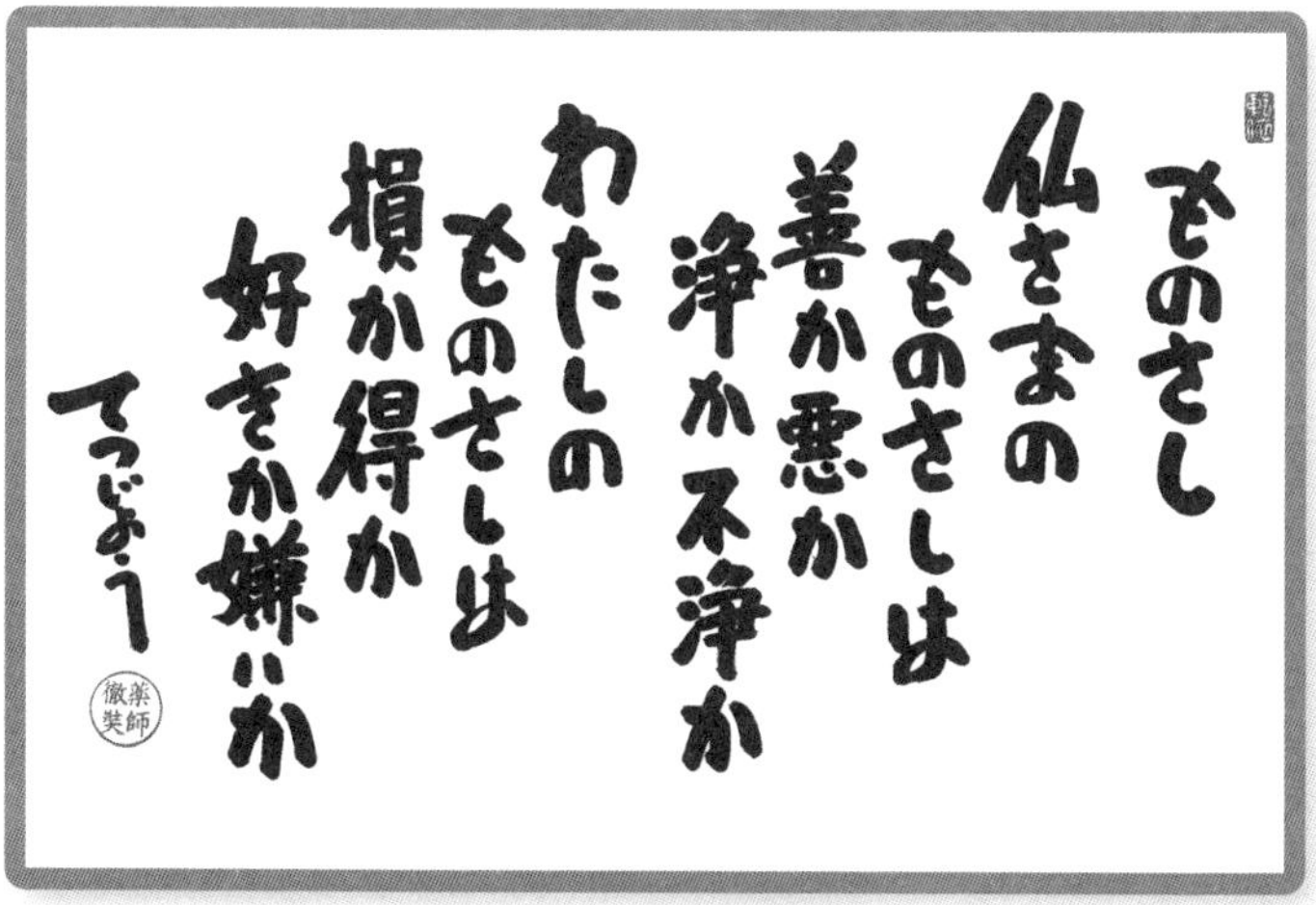
ものさし
仏さまの
ものさしは
善か悪か
浄か不浄か
わたしの
ものさしは
損か得か
好きか嫌いか
てつじょう
薬師徹奘

恩　まずは恩に気づくことから

私たちが日常的に使う恩という言葉は、東洋と西洋で大きくとらえ方が異なります。それは、東洋が仏教圏だということが大きく影響しているのだと思います。

お釈迦《しゃか》さまの言葉によると、恩は父母の恩、衆生《しゅじょう》の恩、国王の恩、の三つに分けられます。父母の恩は自分を生み育ててくださった親からの恩。衆生の恩は人間社会の中で生かされているという恩。国王の恩は時代を司《つかさど》る人から受ける恩。

ここで重要なのは、親などの親しい人たちだけでなく、自分に関わるすべてのものから恩を受けていると理解して、初めて恩になるということです。人はひとりでは生きていけません。互いに支え合ってこそみんなが幸せになれるのです。このように、注意深く意識しなくては認めることのできないものまでに心を動かす、これが仏教の教えであり、東洋の恩に対する考え方の根本となっているのでしょう。しかし西洋ではものを施してもらったり、何かしてもらうこと、つまり、具体的に受ける事柄を指します。ここに東洋と西洋の大きな違いがあります。

仏教では恩を、感恩、知恩、報恩と段階的に身につけていくもの、と定義しています。それぞれ字のとおり、「恩を感じる」「恩を知る」「恩に報いる」という意味ですね。感知という言葉があるように、それまで受け止められなかった恩を感じるのが第一段階。その感じることを入り口に種々の気づかぬ恩を受けていることを知るのが第二段階。そのうえで、恩に報いるのが第三段階です。言葉で聞くと簡単そうですが、実はこのどれもが意外にむずかしいのです。

私の好きな言葉に、中国の大足石窟《だいそくせっくつ》に刻まれた「恩を負う者多くして、恩を知る者少なし」というものがあります。人は生きている限りまわりからたくさんの恩を受けています。しかし、なかなかそれに気づくことができないのではないでしょうか。ここで大切なのは、先ほどもお話ししましたように、自分がまわりのおかげで生きていることに「気づく」こと。恩を一方的に負うだけでは、いっこうに報恩にはつながらないのです。

さて、感恩、知恩、報恩の生き方を実践された方のお話をしましょう。以前ある娘さんの仲人《なこうど》をしたことがありました。彼女は母子家庭で育ったのですが、一生懸命育ててくれた母親にとても感謝していました。苦しい部分をさらけ出しながら育ててくれた親の姿を見ていたからこそ、彼女は幸せになるにはどうすべきか、誰よりも深く考えたのだと思います。そして、自分が幸せになることが母親への報恩につながると思ったのでしょう。やがて結婚をし、幸せな家庭を築きました。

私はこの娘さんのように深く恩を思えば、そこに「おかげさま」の心が自然と芽生《めば》えるのだと思います。そして、恩に報いようとしながら生きていくと、感謝の気持ちが生まれるでしょう。その気持ちが少しずつ大きくなれば、社会への感謝へとつながっていくと思います。つまり、恩こそが社会と自分との接着剤になるのです。

報恩にはさまざまなかたち

ここで報恩についてもう少し考えてみたいと思います。私はまず、恩を知ったときに感謝の気持ちを態度で表わすことが重要だと考えています。その深い報恩の心があれば、一時的な行動に止まらず、思いが相続し、人を裏切らないように努めます。この気持ちこそが大切なのです。

以前両親が病気を患《わずら》ったとき、私は講話などで全国を飛び回っていたために看病をすることができませんでした。本当に親不孝だな、と考えたものです。しかしその話を家内にすると、「がんばっている姿を見せるのも、親孝行の一つだと思うよ」と言ってくれました。報恩には、人によってさまざまなかたちがあっていいのです。自分が信じる道をまっとうに生きることもまた恩返しの一つ。そこに人を想う気持ちがあり、裏切らないという意志があれば、恩は自らを正す役割も果たしてくれるのだと思います。

【恩】恵みとして与えられたと受けとる感謝の思い。（一部抜粋）
（『例文仏教語大辞典』小学館）

勤行《ごんぎょう》　自分に気づくための時間をもつ

お寺では、毎日朝夕に仏さまの前で合掌してお経を唱え、今日一日をどう生きるか誓い、また一日を振り返り反省します。これが勤行《ごんぎょう》です。「勤《いそ》しんで行う」という文字通り、勤行とは心を込めて行う大切な仏教儀式の一つです。

けれども私はつい、朝早く起きるのは辛《つら》いとか、忙しいときには時間をつくるのが大変だと感じてしまうことがありました。勤行の本当の大切さが身にしみてわかったのは、近年、私がお世話になった偉大な先輩方が亡くなられるのを目の当たりにしてからです。

先輩方は皆、自分の幸せより人さまの幸せを考え、世の中に尽くしてきた方々ばかり。けれど果たして、奉仕に生涯を捧げる人生に幸せはあったのか、そもそも本当の幸せとは何なのかと考えると、私はわからなくなってしまったのです。

そんなとき、あるおばあちゃんの一言がその迷いを解決するきっかけをくれました。

一緒に一泊二日の旅行に行ったとき、九十歳を越すそのおばあちゃんはふと、こうおっしゃいました。「明日の朝はもう目覚めないかもしれないので、夜『ありがとう』と言って寝るの。そして朝、目を開けると、また一日生かしてもらったことに『ありがとう』と感謝するの。あとは明日のことなど考えず、目の前に与えられたことを一生懸命に努めるだけ」と。

朝夕、心を静め欲望と向き合う

私ははっとしました。そこには欲というものがまったく感じられませんでした。生きていること自体が幸福なのです。まさに人生の達人に出会った気がしました。それに対し私は、人の評価や見返りに気をとられ、今を生ききらずに明日を生きようとしていたようです。

もちろん、人は生きている限り欲望を抱いてしまうものです。私自身もなかなか欲望には勝てません。だからこそ、心を静めて自分の欲望と向き合い、「何が今一番大切なのか」を見極める勤行の時間がいかに重要なのか、痛感したのです。

私は、お堂に入り仏さまの前に座るだけが勤行とは思っていません。人によって心落ち着く環境はさまざまですから、布団の中で天井を見つめながらでも、草むらに体を横たえながらでもいいと思っています。ただ大切なのは、ああしたいこうしたいと我を通したがる自分に気づくための時間をもつこと。誰にでも欲望はあります。欲望に負けないように、今日一日をどう生きるのか、誓いを立てるのが朝勤行。その誓いを守れたのか反省し、明日のために自分を叱咤《しった》するのが夕勤行なのです。それを繰り返す。その積み重ねこそが、おばあちゃんのおっしゃっていた幸せの本質に近づくのだと思います。

しかし、毎日勤行を続けるのは容易ではありません。私はまず、自分と静かに向き合う環境をもつことが継続のコツだと思います。たとえばテレビのない部屋を設ける、朝夕に散歩をするなど、方法はいくつもあります。日常の喧騒《けんそう》から離れた場所に身を置く癖をつければ、自分と向き合う時間の大切さに気づけると思います。

一日一日を大切に振り返る

人は生きている限り、前に進み続けなければなりません。思い通りにならない苦しみや悩みは誰にでもあります。ときには逃げ出したくなることもあるでしょう。しかし、それでも日々は続いていくのです。私は、過去は一つの層のようなものだと思っています。成功しようと失敗しようと、その経験は一つの層となって、自分をひと回り大きく成長させてくれるのです。一生懸命生きて、毎日自分を見つめ直す。勤《いそ》しみながら、休まず、しかしあせらずに進むために、一日一日を大切に振り返ることこそ、日々を楽しく生きるための糧《かて》になるのではないでしょうか。

【勤行】つとめ励むこと。精進努力して修行すること。（一部抜粋）（『例文仏教語大辞典』小学館）

薬師寺西塔初層内陣には、釈迦八相像のうちの後半の四相像（中村晋也作）が2015年6月に奉納された。そのうちの「涅槃」を拝する

浄土　短期的目標と長期的目標

仏教では、私たちが住むこの世界のことを穢土《えど》といいます。「穢」は「汚れ」ですから、煩悩で汚れた世の中であることを表わしているのです。それに対して、清らかな仏さまの世界が浄土です。極楽浄土というように、阿弥陀《あみだ》さまのおられる世界。つまり、この世の生を終え、往生《おうじょう》するところを浄土と呼びます。

絶対に変わることのない絶対浄土

浄土について私には印象深い思い出があります。十年ほど前、今は亡き私の父と浄土について語り合ったことがありました。当時、私は「死後の極楽浄土だけが浄土ではない。生きている間だって、自分が幸せと思えば、そこが浄土だ」と受け止めていたのです。そんな私に浄土教の学者であった父がこんなことを言ったのです。「よく考えてごらん。たとえば人付き合いで、相手とうまくいっているときは浄土、トラブルがあって相手が憎らしいときは地獄。そんなふうに自分の心によってころころ変わってしまうものは本当の浄土とは呼べないんだよ。本当の浄土とは、どんなときにも変わらない、絶対的なものなんだ」。さらに父は、私が思い描いているような、自分の心次第で変わってしまう浄土を「己心《こしん》の浄土」といい、絶対に変わることなく、みんなが幸せでいる世界を「絶対浄土」というのだと教えてくれました。

たとえば、今の日本は戦争もなく、物質的にも豊かで平和であるといえるでしょう。ところが世界に目を向けてみると、あちらこちらで戦争が起こっていたり、飢えに苦しんでいる人たちがいます。自分の住んでいる国が平和だからといって、他の国のことは知らない、自分の身に火の粉がふりかからなければいいと思うのは、確かに身勝手な心の浄土であるかもしれません。この地球全体のすべての人の平和と幸せを祈り願うのが絶対浄土を求めることになります。

それでも私はあえて、己心の浄土と絶対浄土の二つの見方を大切にしてもいいのではないかと思うのです。というのは、絶対浄土がすばらしいものだとわかっていても、いきなりそこまで到達するのはむずかしい。修行の足りない私たちには、まず、身近な目標が必要になります。そのために己心の浄土があってもよいのではないでしょうか。

身近な目標の浄土も必要では

たとえば夫婦だからといって、いつも仲良くいられるとは限らない。ときにはけんかをすることもあるでしょう。しかし、きちんと向き合い、会話を増やせば仲たがいは少なくなるのではないでしょうか。そのように身近なところから生活を見直していって、相手を思いやる努力を続けることがまず己心の浄土につながるのです。言い換えれば、己心の浄土は短期的な目標のようなものですね。

しかし、それだけではまだ足りません。自分のことだけでなく、みんなが幸せに暮らせる絶対浄土も忘れてはならない。それは、あこがれをもって目指す長期的な目標といえるのではないでしょうか。私の師匠である高田好胤《こういん》和上がよく「永遠なるものを求めて永遠に努力する人を菩薩《ぼさつ》という」とおっしゃっていましたが、まさにその言葉通りだと思います。たとえ短期目標を達成したからといって、そこで満足するのではなく、すべての人の幸せを願って努力し続けなければならないのですね。

「幸せと思う心に幸せが宿る」という言葉もあります。けれども、自分の幸せだけを考えているのなら、それは小さな幸せにしかならない。この世の中のすべての人が幸せになり、みんなが浄土で暮らせるように、私はこれからも浄土を求め続けようと思っています。

【浄土】①仏がその悟りによって造った、仏の住む国土。また、この穢土もそのまま浄土だとする見方がある。②阿弥陀仏の極楽浄土（一部抜粋）（『例文仏教語大辞典』小学館）

調和　お互いの良さを認め合う

お坊さんの中には書をたしなまれる方も多く、昔から多種多様な墨跡《ぼくせき》が残されています。「和」のひと文字が書かれているものもよく見かけます。なぜこの文字が好まれるのか疑問に思った私は、あるとき、「和」という文字をじっと見つめてみました。なぜかというと、私は常々「わからない言葉に出会ったら、文字が教えてくれるまで眺めろ」と教えられてきたからです。「読書百遍意自《おのず》から通ず」ということわざがあるように、繰り返し見ていると意味が自然にわかってくるそうです。

「和」をじっと見つめているうちに、「お茶の精神は調和である」という言葉が頭に浮かんできました。これは、江戸時代の茶人・小堀遠州《こぼりえんしゅう》公が提唱した茶の心です。実は以前、遠州公の直系で十三代目にあたる家元に献茶をしていただく機会があり、いろいろ勉強しました。遠州公の茶風は「綺麗《きれい》さび」といい、これは「代々伝わっているいものも大事、新しく創造するものも大事。それらを上手に調和するところに奥義《おうぎ》がある」ということです。

また、「和」について、私の師匠である高田好胤《こういん》和上は「禾偏《のぎへん》に口と書くこの漢字は、同じ田んぼで収穫されたお米をみんなで喜びながら食べることを表している」とおっしゃっていました。これを私流に解釈すると、和とは「笑顔」です。そして、先ほどの「調和」は「和《なご》みを調《ととの》える」とも読めますね。そう考えているうちに私は、調和とは「みんなと笑うための調整」を意味しているのではないかと思い至りました。ちなみに仏教では調和は呉音《ごおん》で「じょうわ」と読むのが慣例です。

自分勝手な思い込みを調える

今の世の中は「みんなと笑うための調整」を少し怠っているので、不和や不信に満ちているのかもしれませんね。職場や家庭がギスギスしてしまうのも、一人ひとりが和みを調えようとしていないからではないでしょうか。

では、調和するために、どうしたらいいのかを考えてみましょう。私たちは自分の都合ばかりを優先して、相手に「こうあって欲しい」という姿を押し付けていることが多いのではないでしょうか。たとえば、子供や老人と若い人では体力に差があるのに、若い人と同じように荷物を運んでほしいなどと考えて、それができなければ邪険《じゃけん》に扱ってしまう。けれども、大きな荷物は運べなくても、子供はかわいい仕草《しぐさ》でまわりの雰囲気を和ませることができますし、老人には経験から培《つちか》ってきた知恵がありますゝ。相手のよいところに目を向け、相手を認める。そのように、自分勝手な思い込みの気持ちを調え、相手を思いやることが調和になります。

あるいは、こんなふうに考えてみてください。懐石《かいせき》料理は、最初に酢の物が出ます。食事の始めにこれを食べると口の中がさっぱりする。でも、酢の物がメインディッシュでは物足りないですね。前菜には前菜の、主菜には主菜の役割があって、それらを組み合わせることでおいしい懐石料理が完成する。同じように、人もお互いのよさを認め合えば、より活躍できるようになります。

着陸点をどこにするか考えて

そしてもう一つ、「着陸点をどこにするか」を考えて調整する。いろんな人がいれば、それだけたくさんの考え方があるのは当然です。だからといってお互いが譲らなければ、いつまでたっても結論に達しません。たとえば食事のときに、「和食がいい」「いや、フランス料理が食べたい」などとお互いが意見を言い合うだけでは、いつまでも決まらない。そんなとき、「じゃあ、今日はフランス料理にしよう。でも、その次は和食にしようね」と調整をする。それが調和を保つことになります。

そう考えてみると、「和」という教えに「お前は和みを調える努力を自分からしているのか」と問い掛けられているような気がします。

【調和】①身心に乱れがなく、おだやかなこと。②ほどよくととのうこと。
（『例文仏教語大辞典』小学館）

無常　人生の「締め切り」意識し今努力

私たちは親しい人の死に直面したときに「ああ、人生は無常だな」と感じることがあると思います。私も、あこがれの師匠であった高田好胤《こういん》和上や、尊敬する父を亡くしたときにしみじみとそう思いました。大好きな人に二度と会えないことは辛《つら》く、悲しいものです。その思いを断ち切るためには「人の一生は無常で、はかないものだ」と考えて、自分を納得させるしかありませんでした。

人生には終わりがある

私たちはそんなとき「人生には終わりがあるのだ」ということに改めて気づかされますね。誰でも生まれたからには必ずいつかは死なねばならないのですが、身近な人の死に接するまで、そのことを真剣に考えようとはしません。しかし愛する人を亡くし、無常を感じることで、自分が今生きていることを強く意識できるのではないでしょうか。

「無常だからはかない」と嘆いてばかりいてはだめなんですね。また、「無常なんだから何をやっても仕方がない」とあきらめてもいけません。この言葉から、自分なりに何を見出すことができるのかが肝心だと思います。

「無常」という言葉は「常で無い」と書きます。ですから私は、無常を「いつでもあると思うな」と読み替えることができるのではないかと考えました。つまり、無常は「人生はいつまでも続くわけではなく、締め切りがある」ということを私たちに教えてくれているのではないでしょうか。

「締め切り」があると意識するのとしないのでは、大きな違いが生じます。たとえば、やらなければいけない仕事があるのに「明日があるさ」と思って手をつけずにいるうちに、数日が経ってしまったという経験はありませんか。あるいは、急に別の仕事ができて、「こんなことなら、昨日のうちにやっておけばよかった」と後悔することもあるでしょう。しかし、締め切りを意識すると、やるべきことを先延ばしにしてはいられない。自分が今、本当にやらなくてはならないことが見えてくると思います。あるいは「締め切り」をゴールラインと置き換えることもできるでしょう。人間には「死」というゴールがあるのだから、そこに到達するまでに、一生懸命にがんばらなければならない。無常な人生だからこそ、「今」をおろそかにできないのです。

そう考えると、「無常」という言葉は「人間は変化するものだし、最後は消えてなくなる存在なのだから、生きている今こそ、精一杯がんばりなさい」というエールのようにも思えてきます。この言葉は私に「〝今〟が与えられている自分を大切にしなければならない」と教えてくれるのです。

自分への激励ととらえ

今という大切な時間を生きていることを確認するために、私は毎日、自分の手を見ます。そして、「この肉体は、いつかはなくなってしまうんだぞ。だから、自分の意志で生きられる自分に手を抜くな」と言い聞かせています。私にとってはまさに、「無常」が自分への激励です。

また、私はこう考えました。誰かの訃報《ふほう》を耳にしたとき、「惜しい人を亡くした。人生は無常だ」と悲しむのは仕方ないけれど、自分に対しては「無常だ」と言ってはいけない。自分の人生が終わるときに「やり残したことがまだあるのに、もう時間切れだ。なんて無常なんだ」とは思いたくないですね。たとえば私は、これまで教わってきたことを次の世代に伝えていかなければなりません。それをやり残したまま、人生の終わりを迎えることのないように、今、努力し研鑽《けんさん》しなくてはならないと考えています。

皆さまにも「無常」という言葉の中から前向きな教えをたくさん見出していただき、充実した毎日を過ごすために役立てていただければと思います。

【無常】①一切万物が生滅変転して、常住でないこと。（中略）④世をはかなむ心。

（『例文仏教語大辞典』小学館）

運命　いのちを運ぶのは自分

日本では一年間の自殺者が三万人近くに上るそうです。私もかつて修行場にこもって修行をしているとき、その苦しさから「死ねば楽になれるのかなぁ」と思ったことがあります。

そもそも私が僧侶を目指したのは、高田好胤《こういん》和上というすばらしい師匠に出会い、師匠のように大勢の人に感動を与えたいと考えたからです。しかし、僧侶としての修行の日々は、私が思っていた以上に厳しいものでした。自分で選んだ道なのに、いつしか私は「師匠にさえ出会わなければよかったんだ」とか「どうして僧侶になったのだろう」と思いつめてしまったのです。

「これが私の運命なのか」と自殺を考えるほど落ち込んだときに、ふと気がつきました。「自分は今、『運命だから仕方がない』とあきらめかけたけれど、運命は『命を運ぶ』と読み替えることができるのではないか。では、誰がいのちを運んでいるのだろう」。

私が苦しんでいると、まわりの人は「がんばれ」と励ましてくれます。けれども、どんなに辛くても、誰にも代わってもらえない。自分でやり遂げるしかないのです。いのちも同じだと思いました。自分のいのちを運ぶのは自分しかいません。そう気がついてからは「いのちを運ぶで運命、その運転手は自分」という標語をつくり、人生の支えにしたのです。

いのちをどこへ運ぶのか

先日、ある高校での法話で、この標語について話しました。その高校は、いわゆる落ちこぼれの生徒が多く、荒れた雰囲気が漂っていたのです。ところが、法話のあとで生徒たちに書いてもらった感想文に、こんなことが書いてありました。

「私は志望校の受験に失敗し、この学校に通っています。私の人生は終わったとあきらめていたけれど、もう一度自分のいのちを使って、自分の夢を追いかけるためにがんばってみようと思います」。

自分のいのちを運べるのは自分しかいないと気づいたときに、人は変わることができる。そして、運転手は自分だとわかったら、今度は「どこへ向かうのか」を決めなくてはなりません。目の前には多くの道があり、どれを選ぶのも自由です。けれども、すべての道が正しいとは限らない。がけに向かっているとも知らずに走り続ければ大変なことになってしまいます。ですから、いのちをどこへ運ぶのか、つまり人生の目的は何なのかをきちんと見極めなくてはなりません。

しかし、目的が決まったからといって安心してはいけない。人間とは弱いもので、いったん目的が決まっても「別の道に進めばよかった」と思ったり、道を見失うことがあるからです。

常に自分で気持ちを起す

あるお経の中に「常自起《じょうじき》」という言葉があります。これは、「常に自分で気持ちを起していく」という意味です。たとえば、人生の目的を決めたときには、必ずやり遂げようという強い意志があったはずです。それなのに、いつの間にかその意志が薄れてしまい、目的もわからなくなってしまう。そうならないように、常に自分の気持ちを新たにするという「常自起」の精神で、目的を達成したいものです。

また、目的を次につなげていくことも重要です。自分だけで終わらせてしまえば、その目的は点として途切れてしまうけれど、誰かが引き継げば、一本の線となる。もっと多くの人が同じ目的をもってくれたら、線はより太いものになっていくでしょう。たとえば私は「仏教」という車に乗り、運転をしています。多くの人に乗り継がれてきたこの車をこれからも走らせるためには、次の運転手にバトンタッチしなければなりません。自分の目的を達成することだけを目指すのではなく、その先も見据えながら、この道を走り続けたいと思っています。

【運命】幸福や不幸、喜びや悲しみをもたらす超越的な力、また、その善悪吉凶の現象。転じて、今後の成り行き。（『例文仏教語大辞典』小学館）

信念　金堂を再建した師・高田好胤和上

信念という言葉から真っ先に連想するのは、私の師匠・高田好胤和上《たかだこういんわじょう》のことです。今から四十年ほど前、師匠はお写経を通して皆さんに仏さまとのご縁を結んでいただき、薬師寺の荒れ果てた金堂を再建しようと決意されました。しかし、再建費用は莫大で、それを達成するには百万巻という膨大な数の写経勧進《かんじん》が必要だったのです。そんなことは成功しないと思った人も多く、仲のよかった友人にさえ、「それは空想論だ。実現できるはずがない」と言われたそうです。師匠は「あなたの観念と私の信念、どちらが勝《まさ》るか、やってみましょう」と答え、全国を行脚《あんぎゃ》されました。そしてとうとう信念を貫き、金堂を再建されたのです。まさに師匠は「信念の人」でした。

信念は受け継がれる

じつは、師匠の信念は、そのまた師匠である橋本凝胤《ぎょういん》和上の信念でもありました。好胤和上は幼いころに父を亡くし、凝胤和上のもとで出家して、厳しくしつけられました。当時の薬師寺はひどく荒廃していたそうです。食べ物もろくになく、思い余った好胤和上は凝胤和上に「このままでは食べていけないので、学校の先生にならせてほしい」と願われました。すると凝胤和上は「食えなかったら食うな。坊さんが坊さんらしいことをして死んでも罰《ばち》はあたらない」と諭《さと》されたそうです。凝胤和上は、僧侶としての生き方に確固たる信念をもっていたのです。そんな凝胤和上のもたれていたもう一つの信念が「金堂再建」でした。

私は、信念は受け継がれていくものだと思います。たとえば現代のスポーツ界でも、親の信念を子が受け継ぎ、親子二代で大きな実績をあげている例がたくさんあります。同様に、凝胤和上の信念を好胤和上が結実させ、それは金堂再建にとどまらず、「伽《が》藍《らん》復興」へと広がり、師匠亡きあと、私にも脈々と伝えられています。

信心を育て、信念を成す

では、私流に信念を解説してみます。信念という漢字は「人・言・今・心」に分解できます。これは「人の言葉を今、心に」と読めますね。つまり信念とは人からよい言葉を聞いたときに、自分も常にその教えを心に刻み、実行し続けることです。この「人から聞いたよい言葉」は「その人の生き方」と言い換えてもよいでしょう。いろいろなことを見聞きして、それを心の中で育てて、自分の人生に反映させていく。豊かな人生を歩むためには、何を見聞するかが、とても大切です。

また、信念に似た言葉に「信心」があります。これを先ほどのように分解してみると、「今」がありません。ここに信心と信念の大きな差異があると思います。

私は「今」を「常に」と読むようにしています。なぜなら、今という瞬間だけではなく、今を連続させていくことが大切だと考えているからです。

たとえば「念仏」でも、「今、心に仏」ではなく、「常に心に仏」が本意だと思います。信心を間断なくもち続けると、信念が生まれてくるのではないかと考えています。「信心を育て、信念を成す」といってもいいと思います。

「信心」は、人の言葉を心に刻むこと。「信念」は、その教えを実践することなのではないでしょうか。

「学ぶ」が「まねる」から始まるように、初めは与えられた道を見よう見まねで歩き始める。そして、一生懸命歩いているうちに、「やっぱりこれだ」と思える道が見つかるのだと思います。その道を何ものにも惑わされることなく、もちろん愚痴《ぐち》も言わずに歩めるようになったときに、「信念の人」と呼ばれるのではないでしょうか。

自らの信念をもって人生を貫かれた師匠は永遠に私の憧れです。

【信念】仏の救いを信じ、心に仏を念ずること。仏の教えを信じ念ずること。また、その心。(『例文仏教語大辞典』小学館)

悪口《あっく》　言われる原因、自分にはないか

薬師寺では毎朝の勤行《ごんぎょう》のときに必ず「十善戒《じゅうぜんかい》」という戒律《かいりつ》を授かります。十善戒とは身口意《しんくい》（体と言葉と心）に関係するもので、僧侶として守るべき十の戒《いまし》めです。この十の戒めのうち、身（体）と意（心）にかかわる戒律が三つずつなのに対し、口（言葉）にかかわるものは四つあります。それは「不妄語《ふもうご》（嘘《うそ》を言ってはいけない）」「不綺語《ふきご》（戯《ざ》れ言《ごと》を言ってはいけない）」「不両舌《ふりょうぜつ》（二枚舌を使ってはいけない）」「不《ふ》悪口《あっく》（他人をののしってはいけない）」です。言葉にかかわる戒律が多いのは、人間社会を生きていくうえでそれだけ言葉が重要だということの表れなのでしょう。

昨年の夏、こんな経験をしました。全国から五十名の小学生を集めて「寺子屋」と名付けたサマースクールを開催したのですが、そのうちの一年生十人に「学校で嫌いな人はいますか?」とちょっと意地悪な質問をしてみました。すると、九人が「いる」と答えたのです。その理由を尋ねると、一番多かったのは「悪口《わるくち》を言われたから」と

いうものでした。

どんなに幼い子供であっても悪口を言われると傷ついてしまい、悪口を言った相手を嫌いになってしまう。私たち人間はそれほどまでに言葉に敏感だということを改めて認識しました。だからこそ、戒律でも言葉で間違いを起こさぬように諭《さと》しているのです。

「やせなさい」も悪口に聞こえる

確かに他人にののしりの言葉を浴びせることは人として許されないことです。しかし人間は自分勝手な思い込みをすることもよくあるのですから、「悪口を言われた」と腹を立てるだけでなく、なぜその言葉を言われたのか、しっかりと考えてみることも大切ではないでしょうか。

そもそも私たちは自分の嫌なところはなるべく見たくないものです。ですから、他人から自分自身の嫌いな箇所を指摘されると、すぐに「悪口を言われた」と思ってしまいます。要するに、悪口を言われているわけではないのに、自分が勝手に悪口だと勘違いしてしまうのです。

たとえば私もお医者さんや妻から「やせなさい」と言われると、「太っている」と悪口を言われたような気がして腹が立ちます。けれども自分の姿を直視すれば、決してやせているともいえません。そして、肥満は成人病につながることもよくわかっています。つまり、まわりの人は私の健康のために「やせろ」と言ってくれているのです。それを素直に聞けずにいると、せっかくの忠告を自分のせいで悪口にしてしまうことになります。

また、「年寄りなんだから」などと言われると、急に自分が老けてしまったようで「私はまだそんな年ではない」と反論したくもなります。けれどもその言葉には「無理をしないでください」というねぎらいの気持ちが込められています。

このように同じ言葉でも自分勝手な聞き方しかできなければ、相手の真意をうまく受け取れなくなってしまうのです。

言葉に宿る魂を聞く

私の師匠である高田好胤和上は「言葉に宿る魂を聞け」とおっしゃっていました。言われた言葉を表面だけで受け止めるのではなく、その中側にあるものに耳を傾けなさいという意味です。その人がなぜそんな言葉を使ったのか、じっくりと考えてみる必要があるのです。褒《ほ》められる人には褒められる理由があるし、悪口を言われる人には悪口を言われる理由があるはずです。ですから、自分が悪口を言われたと思ったときには、すぐに腹を立てるのではなく、その原因はどこにあるのだろうと考えてみてください。そうすることで今まで気づけなかった自分を発見したり、反省すべき点を見つけることができます。悪口もとらえ方次第で自分へのエールになると、前向きに考えてみてはいかがでしょうか。

【悪口】十悪の一つ、人をあしざまにののしること。(『例文仏教語大辞典』小学館)

供養　精一杯に生きることが恩返し

私の師匠の高田好胤和上は、戦争で亡くなった多くの方の慰霊のために、世界各地をまわっておられました。激戦地跡での法要では、ご主人や子供を亡くされたご婦人たちが、ぬかるんだ地面に座り込んで、泥だらけになり、嗚咽《おえつ》しながらお経を唱えていました。私も同行させていただきましたが、遺族の方々と私の心には温度差がありました。正直なところをいえば、戦争を経験していない私は、遺族の方の思いが理解できず、戸惑いを感じていました。

世界の激戦地跡で慰霊法要

師匠は、そんな私の気持ちを察していたのでしょう。私に次のような言葉をかけてくださいました。「戦争で亡くなった方々は、私たちがあげるお経ぐらいで慰《なぐさ》められるような、生易《なまやさ》しい死に方はしておられない。けれども、残された私たちは何かせずにはいられない。だから、こうしてお経をあげさせていただくのだ。しかし、残された人にできる供養《くよう》はほかにもある。それは、亡くなった人に対して、申し訳が立たないような生き方をしないことである。今ある自分のいのちを無駄にせず、できることをまっとうする。それが一番の供養となるのだ」。

そのときの私は、まだ師匠の言葉の意味をはっきりとは理解できていなかったと思います。しかし、師匠を亡くし、時間が経つにつれて、ようやくいただいた言葉の意味がわかってきました。

「供養」という言葉を「恩返し」に置き換えてみるとわかりやすいかもしれません。自分を育ててくれた師匠や両親に対して、私たちは何とか恩返しをしたいと思います。しかし、実際のところ、生きておられる間であっても、いただいた恩を返すことなどできはしないのです。たとえば親に対してであれば、欲しいものを買ってあげたり、行きたいところに連れて行ってあげたりすれば、たしかに親孝行にはなるでしょう。けれども、それで恩返しができたかといえば、そうではないと思うのです。

私たちにできる最大の恩返しは、ただ、精一杯生きることです。人にはそれぞれ役割があります。たとえば僧侶である私は僧侶として、父親である人は父親として、一生懸命に自らの役割を果たす。それが、育ててくれた人への何よりの恩返しとなり、供養にもなると思うのです。

亡き人とともに生きる

私のもとには、大切な人を亡くされ悲しみに暮れている方が、多く訪ねてきます。私はそのような方に対して「気の済むまで泣いてください」と申し上げています。大切な人を亡くして、悲しいのは当然ですから、泣きたいだけ泣けばいい。ただし、涙におぼれてはいけません。泣くだけ泣いて気持ちの整理がついたら、今度は、残された自分のいのちを一生懸命に使って生きることを考えてください、とお伝えしています。遺族がいつまでも悲しみにくれて、健康を崩したり、人生を台無しにしたりしてしまえば、亡くなった人は浮かばれないでしょう。ですから、残された人は、自分の人生を懸命に生き抜かなければならないのです。

「供養」という字は、「人がともに養う」と書きます。つまり、亡くなったいのちと自分自身が、ともに生きていくという意味があるのではないかと思います。

たとえば仏壇には、線香、花、灯明をお供えします。そのとき、花は仏さまのほうではなく、仏壇に手を合わせる私たちの方に向けますね。また線香の香をいただくのも、灯明の明かりに照らされるのも、仏壇の中の仏さまだけではなく、私たちも一緒にいただいているのです。つまりお供え物を供えるのは、私たちが逝った人と一体になって生きているということを示しています。ですから、私たち自身が自分のいのちをまっとうし、精一杯に生きることが亡き人への一番の供養になると私は考えます。

【供養】仏法僧の三宝に対し、真心から花・香など供物を捧げること。(『例文仏教語大辞典』小学館)

生老病死《しょうろうびょうし》

逃《のが》れられない苦しみ

仏教には四苦八苦《しくはっく》という言葉があります。「苦」とは「自分の思い通りにならないこと」を表しており、「生《しょう》・老《ろう》・病《びょう》・死《し》」の四つを四苦というのです。

一つ目の「生《しょう》」は「生きる苦しみ」ではなく、「生まれてくる苦しみ」を表しています。それは人間でいえば赤ん坊が母親の産道を通る際の苦しみです。母親も苦しいけれど、産道を通る子供も苦しいのです。また、「生」という漢字がかたどっているのは、大地から植物が芽吹き、上に向かって茎を伸ばしていく姿です。地面から芽を出せば、外がどんなに辛《つら》かろうと、もう土の中に戻ることはできません。一度生まれたら二度と後に戻れないという苦しみが「生」なのです。

ある人は次のように述べています。「赤ん坊が泣きながら生まれてくるのは、苦しみのある世界へと送り出され、もう戻ることができないと知っているからだ。けれど、厳しい世界を生き抜くために、手をしっかりと握りしめている」と。

自身の老病死は受け入れがたい

そうやって生まれてきた私たちは、その後、「老・病・死」の三つの苦しみを受け入れなければなりません。誰もが必ず老いていき、病になる可能性をもち、そして間違いなく死を迎えます。これらの苦しみから、私たちは決して逃《のが》れることはできません。しかし、この人生の現実は、とくに自分自身の「老・病・死」は受け入れがたいものです。

私たちは、それらの苦しみを受け入れるために、ほかの人の姿から学ぶ必要があります。「老・病・死」は、老人や病人の生きざまから、そして亡くなられた人の死にざまから、教わるよりほかありません。

私の知り合いに、ともに百歳を越えて亡くなったご夫婦がいます。お二人とも晩年、認知症になりましたので、世話をしていた娘さんは大変な苦労をされました。しかし、両親の「老・病・死」と接した経験から、娘さんは多くのことを学ばれたはずです。

そして、これによって彼女は自分自身の「老・病・死」のあり方を知り得たと同時に、彼女とともに看病をした子供たちも「老・病・死」との接し方を学びました。きっと彼女は理解ある「老・病・死」を迎えることができると、私は思っています。

周囲に「老病死」を見せる役割

私は、師匠である高田好胤和上の死から多くのことを学ばせていただきました。師匠が亡くなったとき、私はまだ三十五歳と若く、偉大な師匠が病になることも死ぬということも、考えもしていませんでした。師匠は人のため、世間のために尽くした大樹のような人でした。そんな師匠でさえもはかなく倒れて亡くなった姿を目の当たりにし、私は自分も死んでしまいたいと思うほど大きな衝撃を受けたのです。そんな私を救ってくれたのは法句経《ほっくきょう》の「この身は泡沫《うたかた》のごとくであると知り、かげろうのようなはかない本性のものである」という一節でした。いのちは有限であり、どんな立派な人も必ず死ぬということをこの言葉が教えてくれたのです。この経文により私は師匠の「死」を受け入れることができました。

死を迎える人は、遺される人々に自らの死にざまを見せ、死について考えさせることが、一つの役割であると思います。「老」や「病」についても同じです。老いるとは、病むとはどういうことなのか。たとえ、老いが醜かろうとも、病が辛かろうとも、それを受け止めて一生懸命生き抜く姿を、次代を担う人たちに見せてほしいと思います。

そのような姿を見れば、人は今ある自分自身のいのちの大切さを深く感じるようになります。そして、生きていることを自覚し、与えられたいのちを精一杯生き切ろうと覚悟できるのです。


【生老病死】人間として避けられない四つの苦しみの総称。生まれること、老いること、病気になること、死ぬことの四つ。(『例文仏教語大辞典』小学館)

回向《えこう》　未来の人々を救うために

東日本大震災で大勢の方がお亡くなりになりました。私は何度も被災地を訪れ、読経させていただきました。そして、ふとあることに気づいたのです。同じ仏教でも宗派によって唱えるお経は違います。しかしどの宗派でも、お経の最後に「回向文《えこうもん》」を唱えることは共通している。「回向」には何か大切な教えがあるのではないかと感じました。

まだ見ぬ皆と共に

回向文は「皆共《かいぐ》成《じょう》仏道《ぶつどう》（皆共《みなとも》に仏道を成《じょう》ぜんことを）」という文言で結ばれます。この「皆共に」という言葉に鍵《かぎ》があるのではないか。ここでいう「皆」は今生きている人たちだけを指すのではなく、これから生まれてくるであろう人たちも含まれているのではないかと考えたのです。

そのことに思い至ったのには理由があります。震災当時、私が副住職を務めていた潮音寺《ちょうおんじ》（茨城県）も被害を受けました、境内は液状化により、本堂を残し建物のほとんどが解体されました。けれどもお祀《まつ》りしている十一体の仏さまはどなたも倒れることはありませんでした。一時期は移転や廃寺まで検討しなければならないような状態の中、私は仏さまに相談してみたのです。お顔をじっと見ているうちに、「この仏さまには、これまでたくさんの人が私と同じように語りかけたのだろうな」と思いました。お寺が建立《こんりゅう》されたときから、仏さまはここにいらして多くの人を救ってくださった。仏さまの前に立つ人間は死んでいなくなる。でも、仏さまさえいらっしゃれば、これから先も大勢の人を救ってくださるに違いない。それならば、私が今やらねばならないのは、仏さまをお守りし、救いの場所と学びの空間を次の世代の人たちに残していくことではないか。顔すら知ることのできない未来の人々が「仏さまがここにいてくださってよかった」と思ってくれたなら、そのとき私も救われるのだ、と考えたのです。

師の「お写経」が回向となった

回向とは未来の人々に思いを及ぼすことなのかもしれない。そう感じた私は、師匠である高田好胤和上のことを思い出しました。師匠は、雨漏りがするほど荒廃していた薬師寺をお写経勧進《かんじん》で再建することを志しました。しかし最初は、「お写経で人々を救い、そのご縁で寺を復興したい」という願いが誤解され、売僧坊主《まいすぼうず》（物品の販売などをする堕落僧）と蔑《さげす》まれたこともあったのです。それでも全国を隈《くま》なく巡られ、それがきっかけで写経は薬師寺という枠を超えて広まりました。

しかし、師匠が亡くなってから十数年経ち、そんな経緯も知らないまま、全国で写経がなされています。師匠は自分のことなど知られずとも、お写経を通して誰かが救われたならば、きっと喜んでおられると思います。つまり師匠の生き方そのものが回向となり、見ず知らずの人さえも救済しているのではないでしょうか。

私にとって、「供養は恩返し」です。たとえばお供え物一つにしても、亡くなった父には恩返しの思いを込めて、一番おいしいメロンを供える。そのメロンはお下がりものとして、今生きている家族や知人たちと一緒に食べることができます。でも、これから生まれてくる未来の人たちに食べてもらうわけにはいきません。だから、今、自分が一生懸命努力して、メロンがよく育つように土壌を整える。そして将来、もっと立派なメロンが栽培できるようになり、それを「おいしい」と食べてくれる人がいたら、それが回向となるのです。

つまり、供養は先人と私たちをつなぎ、回向は私たちと未来をつないでくれるのだと思います。私はそう信じて、日々、供養と回向を続けています。

【回向】自分の行った善根功徳をめぐらし、自分や他のものへ悟りをさし向けること。死者の冥福を祈って読経をしたり、念仏を唱えたりすること。供養。（『例文仏教語大辞典』小学館）

おわりに

師匠・高田好胤和上が法話をされている姿に憧れ、いつの日にか師匠のように法話が出来る坊さんになりたい、その一心で修行を重ねてきました。おかげさまで最近では多くの法話を勤めさせていただけるようになりました。また、その法話を通じて、今日まで実に多くの人との出会いが生まれました。

ある時、私が法話に対してとてもこだわっていることを知っているお方から、「徹奘《てつじょう》さん、法話は目の前にいる限られた人にしか出来ないし、発せられた言葉はすぐに消えてしまうんだよ。だからあなたが大事だと思っていることを、広く伝える為にも文章で伝導するべきだよ」と諭《さと》されました。

その言葉によって、どちらかと言えば一つに偏《かたよ》りがちな私に、新たな道が開かれ、その後、おこがましくも多くの著書を刊行させていただきました。更にそれらに加え、私を大切にしてくださる企業の機関誌等にも執筆させていただいてきました。

しかし、機関誌で掲載していただいた文章は、特定の方々の目にしか触れないものなので、出来る事ならば一冊の本にまとめてみたいと願っておりましたところ、北陸地方で私が法話活動をさせていただく時に、絶大なる支援をしてくださる石川県小松市の陶芸家・北村隆先生が、2年前に金沢で開催された「国宝　薬師寺展」の主催団体の一つである北國新聞社の出版局をご紹介くださり、今回の出版の運びとなりました。

出版の為に今までの文章を集めて読み直してみると、十年近い年月は確実に私を成長させてくれた事が分かりましたが、初期のものはあまりにも拙《つたな》い文章なので恥ずかしくなり、掲載をやめようかと思案をしていると、同出版局の編集担当者が「それも徹奘さんらしくて良いし、あなたの歴史ですよ」と言って下さったので、甘んじて掲載させていただくこととしました。

ですから読者の皆様には、文章の拙さにはこだわらず、私が伝えたいと思っている部分をお読みいただけましたら幸いです。

最後になりますが、転載をご許可下さいました関係各位に、心からお礼を申し上げます。ありがとうございました。

合掌

平成二十七年十月二十八日（長男の二十四回目の誕生日に）

大谷　徹奘

【初出】

第一章　「苑」（株式会社大塚　発行）
第二章　「うぬぼれす　卑下もせず　少しずつ　少しずつ」「恨み」「面白い・面倒くさい」「和合と烏合」以上「おかげさま」（株式会社はせがわ　発行）
その他は「めるす」（一般財団法人　愛知健康増進財団　発行）
第三章　「いまを、いきぬく。」（こころの学校　発行）
第四章　「やすらぎ通信」（ユーキャン出版局　発行）

大谷　徹奘（おおたに・てつじょう）
1963年東京都江東区にある浄土宗重願寺住職大谷旭雄の二男として生まれる。17歳の時、故高田好胤薬師寺住職に師事、薬師寺僧侶となる。龍谷大学文学部仏教学科卒業。同大学院修士課程修了。現在、薬師寺執事。全国各地で「心を耕そう」をスローガンに法話行脚。著書に『そうだったのか！般若心経』『「修《なお》し」ながら「行《すす》」むから修行という』『静思のすすめ』ほか。

こころの薬箱

2015（平成27）年10月28日　第1版第1刷

著　者　大谷徹奘

発　行　北國新聞社出版局
〒920-8588　石川県金沢市南町２番１号
TEL 076-260-3587（出版局直通）
FAX 076-260-3423
E-mail syuppan@hokkoku.co.jp

ISBN978-4-8330-2046-6
